Eberhard Horst
Südliches Licht

Eberhard Horst

SÜDLICHES LICHT

Orte und Landschaften am Mittelmeer

claassen

1. Auflage 1978

Gesetzt aus der 10/12 Punkt Garamond der Linotype GmbH
Satz: Alfred Utesch, Hamburg
Papier: Papierfabrik Schleipen GmbH, Bad Dürkheim
Druck und Bindearbeiten: Paulinus, Trier
ISBN 3 546 44794 8

Für Eva

Was die Berge, die Dörfer, die Erde Griechenlands schwerelos und durchsichtig erscheinen läßt, ist das Licht. Das Licht in Italien ist weich, weiblich; das Licht Ioniens ist sehr lieblich, voll orientalischer Sehnsucht; in Ägypten ist es dickflüssig und wollüstig; das Licht in Griechenland ist voller Geist; solches Licht half dem Menschen, klar zu sehen, Ordnung in das Chaos zu bringen, es zum Kosmos zu gestalten. Und Kosmos, Welt, heißt Harmonie.

Niko Kazantzakis

Inhalt

Vorwort

Dieses Buch enthält vierzehn Prosastücke, Aufzeichnungen über Orte, Städte, Landschaften, denen ich mich verbunden weiß und die mir durch wiederholte Reisen vertraut sind. Nicht zufällig liegen die Zielorte vorwiegend im engeren oder weiteren Bereich des Mittelmeeres, unter »südlichem Licht«. Schon der früh geschriebene Titelessay »Südliches Licht« weist die Richtung. Suchte hier der Enthusiasmus erster Eindrücke und Erfahrungen seine Sprache, so festigte sich die Vorliebe für den mediterranen Süden in meinem ersten Buch zu einer Art Bestandsaufnahme der sizilischen Inselwelt. Sizilien, der Schmelztiegel mediterraner Völker und Kulturen, erschloß mir einen Themenkreis, aus dem noch mein letztes Buch »Friedrich der Staufer« hervorging.
Kein irgendwie, irgendwann aufgegriffenes Thema würde mich zum Schreiben reizen. Es ist ja immer ein Stück von uns selbst, das sich mitteilen will, und sei es nur im Aufzeigen bestimmter Erfahrungen oder Vorlieben. Auch die nun unter dem Titel »Südliches Licht« vorgelegten Aufzeichnungen verleugnen nicht den persönlichen, durchaus subjektiven Anteil. Die aus verschiedenen Anlässen entstandenen Arbeiten sind eng miteinander verbunden, obwohl der thematische Bogen von Chartres bis Rhodos, von Lissabon bis Istanbul reicht.
Über den Reiz des Augenblicks, über das unmittelbare Sehen,

Erkunden, Erfahren hinaus verlockte mich die geschichtliche und kulturelle Beziehungsvielfalt. Orte oder Landschaften stehen nicht für sich, geben sich dem Betrachter nicht voraussetzungslos zu erkennen. Sie nötigen die Menschen, sich mit ihren Bedingtheiten auseinanderzusetzen, und sie haben ihre von Menschen geprägte Geschichte. Sie wurden zu Stätten des Wohnens, der Kultur, der Kunst. Das gilt für die Lagune von Venedig wie für das Bergland Westsiziliens, für Rhodos wie für Santiago de Compostela oder Istanbul.
Dem reisefreudigen Zeitgenossen sind die vorgestellten Orte und Landschaften nicht unbekannt. Aber es geht darum, etwas von dem sichtbar zu machen, was hinter dem äußeren Erscheinungsbild liegt und zum besseren Verständnis führt. Und es geht auch um Augenblicke des Staunens und Sich-Freuens, ohne die unsere Begegnungen mit Menschen wie mit Landschaften und Kunstwerken unendlich arm wären.

Eberhard Horst

Südliches Licht

Es ist dieselbe Sonne, die das Licht gibt, im Süden wie im Norden. Aber es ist nicht dasselbe Licht. Und die Menschen, die in seinem Element leben, aufwachsen und sterben, sind hier und dort andere. Nicht nur, daß der morgendliche Rundblick vom Berg eine von Grund andere Begegnung mit dem Licht vermittelt als der Sonnenaufgang an der Küste des Nordmeeres. Auf der Höhe von Sils Maria schenkt sich mit dem Licht eine andere Lebensintensität als in der erdschweren brackigen Moorlandschaft Worpswedes. Das Lebensgefühl der Niederländer ruht im breiten behaglichen Licht, wie es die Bilder von Vermeer van Delft und Ostade ausfüllt. Die düstere Glut und flammende Ekstase in den Gemälden El Grecos und Zurbarans sind unter spanischem Himmel gemalt, dessen Sonne Ortega eine »gellende Fanfare« nennt. Seit germanische Stammesfürsten ihre Söhne in die römische Schule schickten und die Züge der Völkerwanderung nach Italien und Spanien drängten, riß der Strom nach Süden nicht ab. Unter der südlichen Sonne leben zu dürfen, war von jeher ein verführerischer Wunschtraum der Nordländer. Die moderne Touristik ist eine Variation des gleichen Themas. »Nach Süden nun sich lenken . . .«, sang der Romantiker Eichendorff. Aber lange bevor der Dichter seinen Taugenichts nach Italien ziehen ließ, hatte der urdeutsche Albrecht Dürer nach seinen italienischen Studien notiert: »Oh, wie wird mich nach der Sonnen frieren!« Ein deutscher Italienfahrer des 19. Jahrhunderts sagt es rundheraus: »Der deutsche Himmel ist nicht mehr blau, er ist grau und spinnewebig, wenn man auch nur kurze Zeit in den italienischen Himmel geblickt.«

Es ist schon merkwürdig, daß die Sehnsucht von Norden nach Süden zielt. Selten geht sie den umgekehrten Weg. Wenn die Winter in den nördlichen Breiten allzulange das Leben hinter schützenden Mauern festhalten und durch getrübte Fensterscheiben eine unwirkliche Verbindung nach draußen führt, macht sich eine wachsende Unruhe breit, und man sehnt sich nach Licht und Wärme. Diese Sehnsucht vermag auch die zivilisierte Großstadt mit künstlichem Licht und künstlicher Wärme nicht zu vertreiben. Ein Tag im Hochwinter, wenn die Frostschraube knarrt oder auf dem Land der weiche, weiße Schneepelz liegt, kann wunderschön sein und auch dem Licht eine ungeahnte Intensität und Klarheit verleihen. Aber gegen Ende des Winters – wie an seinem Anfang –, wenn die Tage unbestimmt und zwielichtig über die Erde kriechen, wächst die Unruhe. Je länger sich dieses konturlose Zwischen-den-Zeiten hinauszögert oder je mehr Frühling, Sommer, Herbst und Winter in ihrem jahreszeitlichen Ablauf durchlöchert sind, um so mehr bedrängen Ungewißheit und Schwermut das menschliche Gemüt.

Unhold sind solche Zeiten. Nirgendwo gehen sie den Menschen so sehr an wie im Norden. In den langen Nächten, während der Sturmgott über den Himmel jagt, die Erde ächzt und stöhnt, und der Druckgeist auf den Schlafenden hockt, wird ein zwielichtiges, dämonisches Personal geboren: Zwerge und Kobolde, Trolle und Völven, Thursen und Hexen. Die Welt ist verhangen, ungeklärt, voll Erwartung. Wie die sichtbare Welt in ein nebuloses, undurchsichtiges Meer getaucht ist, so bleibt auch die geistige Welt ungestalt,

problemhaft, gedankenschwer. »Ungeschickt und ulkig oder rohgeheimnisvoll«, nannte Theodor Däubler, der den Norden und den Süden kannte und erfahren hatte, die nördliche Lebenswelt. Niemals werden die schweren Gedanken und Sehnsüchte leichthin ausgesprochen, damit sie – selbst befreit – auch ihren Träger erlösen. Man nimmt das Unbegreifliche in sich auf und schweigt. Darüber können Geschlechter zugrunde gehen. Im Süden reifen die Gedanken wie Früchte in der Sonne. Leicht finden sie ins Wort, oft allzu leicht oder leichtsinnig. Im Norden bleibt vieles ungelöst und schafft von innen her ein Suchen und Sehnen, das sich in Gestalten wie Peer Gynt oder Faust, in der grüblerisch bohrenden Dramatik Ibsens und Strindbergs verdichtet.
Geisterseher und Spökenkieker suchen die nördlichen Nebel zu durchdringen, blicken zurück oder ins Zukünftige. Die Augen des Nordländers mustern und blinzeln; sie sind von Falten umgeben. Auch auf dem Meer ist die Sicht verhangen. Nur mühsam und mit großer Geduld vermag der Blick aus dem Grau Umrisse und Farben herauszuschälen. Das Auge des Südländers schweift selig. Im Süden gibt das Licht Gestalt und Farbe, ein Geschenk, das gewiß ist und kein zufälliges Glück. Gestalt ist ein Geschenk des Lichtes, im Physischen wie im Geistigen. Aber »in der Gestalt erst ist das Problem erledigt«, sagte Hofmannsthal in seiner Rede auf Grillparzer.
Gestalt ist äußere Erscheinungsform, ein ins Außen Gestelltes. Im Süden drängt alles naturbedingt nach außen, der Gedanke wie der tägliche Ablauf des Lebens. In der Klarheit des südlichen Lichtes endet schneller als anderswo der schleppende »Prozeß der Begriffe« und löst die Zunge. Die täglichen Verrichtungen des Menschenlebens sind in einem für den Nordländer unvorstellbaren Maße nach draußen verlagert. Dinge, die für den Nordländer Geheimnischarakter besitzen oder in der Geborgenheit des Hauses abgemacht

werden, trägt der Südländer mit naiver Ungeniertheit vor dem Haus aus, auf der Straße, der Piazza, der Agora. Wenig bleibt verborgen oder rätselhaft. Aber das nach außen gewandte Leben entspricht nicht weniger einem Sich-zur-Schau-Stellen. Ein von der Theaterwelt völlig unberührter Straßensänger liefert Bravourstückchen theatralischer Pose, die jeden Operntenor beschämen. Die Mädchen und jungen Frauen bewegen sich auf den gepflasterten Straßen und Gassen wie auf dem Laufsteg.

Wie sehr das Licht die Gestalt gibt, zeigt die Landschaft. Das südliche Licht macht deutlich. Es schärft die Konturen, grenzt ab. In der unbewegten, blendend scharfen Helligkeit nimmt die Landschaft selbst plastische, architektonische Formen an. An manchen Tagen ist das Treibende und Drängende der Vegetation wie erstarrt. Der Wind hat keine Gewalt. Vincent van Gogh vergleicht die Zypressen der Südprovence mit einem ägyptischen Obelisken. Die mageren Oliven der Provence oder die kräftigeren italienischen Ölbäume mit ihren mattsilbernen Lanzettenblättern sind wie versteint. Die Pinienkrone wölbt sich wie eine Kuppel. Steineiche und Feigenbaum stehen unbewegt wie architektonische Gebilde in der Mittagsglut.

»Alles in der Natur modelliert sich gemäß der Kugel, dem Kegel und dem Zylinder. Man muß auf Grund dieser einfachen Figuren malen lernen.« Das hatte Cézanne in Aix zu Emile Bernard gesagt. Unter dem Himmel des midi, der Mittagsgegend im südlichen Frankreich, wird die für die moderne Malerei richtunggebende geometrische Figur zum erstenmal gesehen und ihre bestimmende Funktion deutlich gemacht. Die Bildfläche wird in irreguläre geometrische Figuren zerlegt. Aber damit ist der schöpferische Prozeß nicht am Ende. »Schärfer trennen und inniger verbinden«, das Elementargesetz jeglichen künstlerischen Schaffens, erfüllt sich bespielhaft in der Farbgebung des alten Cézanne. Figuren und Flächen füllen sich mit Farbe, mit Neapelgelb und rötlicher Terra di Siena, mit Preußischblau und Smaragdgrün, mit einer unvergleichlich gemischten Ockerfarbe zwischen Gelb und Rot.

»Die Sonne ist hier so gewaltig, daß sich mir die Gegenstände in Silhouetten zu verwandeln scheinen; nicht nur in weiße und schwarze, sondern in blaue, rote, braune, violette.« Die reine und scharfe Lichtwelt des Südens schenkte dem Auge des Malers die beiden Grundpfeiler seiner Kunst: den figuralen Stil und die Reinigung der Farbe, Befreiung der Farbe zu sich selbst.

Wie sehr die Intensität der reinen Farbe und die Eindeutigkeit konturierter Raumfiguren vom Licht abhängen, erweist der Vergleich mit den Landschaften des Nordländers Caspar David Friedrich. Cézanne bleibt eindeutig, auch wenn das äußerst nuancierte Farbempfinden des alten Meisters die Flächen immer mehr aufteilt und stuft. Wo Cézanne den klaren Ausdruck sucht, bleibt bei Caspar David Friedrich ein Nebelschleier über der Landschaft. Die Farbgebung ist gedämpft, geheimnisvoll. Alles ist mehr Ahnung, schwebende Atmosphäre als gestalthafte Gegenwart. Selbst der Bildvordergrund mit den hängenden Zweigen und kahlen Ästen, mit Stangen, Türmen, Ruinen und Menschen, befreit unseren Blick nicht, sondern dient nur dazu, wie durch ein Gitter den geheimnisvollen Hintergrund durchschimmern zu lassen, die Sehnsucht ins Endlose auszustrecken. Ein ahnungsvoller, aber unerfüllter und schwermütiger Tiefsinn liegt in den Landschaften von C. D. Friedrich.

Man könnte meinen, das südliche Licht lasse menschliches Leben und künstlerisches Tun in leichteren Bahnen gehen. Wie leicht drängt alles nach außen, in die befreiende Gestalt. Wie schnell sind Komplexe, die den Nordländer belasten, die ihn ungelenk machen, für den Südländer gelöst. Aber die Klarheit des südlichen Lichtes beschönigt nicht, sondern steigert, intensiviert. Die Intensivierung richtet sich auf die Dinge selbst und macht ihren Wesenskern sichtbar. Alles Konturlose, Verschwommene, Ungeklärte wird ausgeschieden oder fällt ab. Das Eindeutige besteht. Das Schöne ist noch einmal so schön. Das Häßliche ist noch einmal so häßlich. Der Schmerz ist nur noch Schmerz. Für die schwebende Melancholie ist kein Raum.

Ein Nordländer, Vincent van Gogh, mußte kommen, die schmerzende Intensität des südlichen Lichtes unvergleichlich in der Farbe zu erkennen und wiederum in die Farbe zu bannen. Wie überwältigt war van Gogh, als er, von Norden kommend, zum erstenmal an der Mittelmeerküste stand und die alles durchdringende Helligkeit in seine Augen stach. Ähnliche Motive gab es auch in Holland. »Aber der Unterschied liegt in der Farbe. Überall gibt es hier einen Ton wie Schwefel, die Sonne steigt einem zu Kopf«, schrieb Vincent an seinen Bruder Theo.

Wie keiner vor ihm sah er die erregende Deutlichkeit der südlichen Farben und gab sie unnachahmlich wieder. Alles ist Farbe, ein Urstrom von Farbe, das bewegte Meer und die Fischerboote vor Saintes-Maries, das Flimmern auf den Feldern der Crau, die Flammenbündel der Gärten und Zypressen, der hohe Mittag unter der schwefelgelben, kreisenden Sonne und der provencalische Frühling. Das Licht ist wie ein Dröhnen. Wenn die Sonne abwärts steigt, glüht das Land. »Ich sah da einen roten Sonnenuntergang, der schickte Strahlen in die Stämme und das Blätterwerk der Fichten, die in dem Steingeröll wachsen. Er färbte in einem orange Feuer die Stämme und das Blätterwerk, während die Fichten im Hintergrund sich preußischblau abzeichneten auf einem zarten blaugrünen Himmel, ganz himmelblau. Das war bezaubernd – das ist es, was ich malen möchte.«

Nichts bleibt unbestimmt, im Zwielicht. Die Klarheit des Lichtes zwingt zur Wahrhaftigkeit. Eine geradezu einfältige Nötigung der Wahrheit liegt in den letzten Bildnissen van Goghs und in seinen erschütternden Selbstporträts. In den Bildnissen der Arlésienne, des Armand Roulin oder des Dr. Gachet, im Selbstporträt mit dem abgeschnittenen Ohr kommt mit erbarmungsloser Schärfe alles ans Licht. Nicht nur das äußerlich gegebene Kauzige oder Originelle, Trostlose oder Verbogene des Modells, sondern das aufgespeicherte Schicksal, Vergangenheit und Zukunft, all das, was verborgen in ihnen schlummert und ein kaum nennbares Wesen schafft, das ihren Augen den Glanz nimmt oder Furchen durch die Gesichter zieht. So wird sichtbar, wie Hofmannsthal gesagt hat, eine »menschliche Seelenkraft, die hier die Natur geformt hatte, und noch das andre, was hinter dem Gemalten war, das Eigentliche, das unbeschreiblich Schicksalhafte«.
Wenn wir den Menschen oder den Dingen auf den Grund kommen, werden sie einfach. Der Archetyp wird sichtbar. Porträtstudien und Landschaften van Goghs vermitteln in barbarischer Einfachheit und Klarheit das Wesen des Dargestellten. Am Ende sammelt sich alles in Grundphänomenen wie Geburt und Verfall, Liebe und Haß, Treue oder Verrat. Am Anfang und am Ende ist alles einfach. Das Komplizierte, Mehrdeutige, Interessante ist immer Vorstufe, steht im Prozeß und ist noch nicht zur Klarheit ausgereift. Wahre Klassizität, ein Vers der Sappho, eine dorische Säule oder ein Dialog Platons, ist wesenhaft einfach. Diese Einfachheit, die im Medium des südlichen Lichtes zur Klassizität ausreifte, hat nichts mit »stiller Einfalt« gemein. An dieser romantischen Verkennung krankte lange unser Griechenbild. Arkadien ist nicht das Land der Schäferpoesie, sondern rauhes Gebirgsland. Adler und Lämmergeier haben in den Schluchten, an den Hängen ihr Revier. Der griechische Ölbaum ist urwüchsiger und mächtiger als sein italienischer Bruder.

Die karge und rauhe Landschaft hat ihre Bewohner geprägt. Die Menschen sind ungeschwätzig und sparsam in ihrer Gestik. Sie sind auf die einfachen Verrichtungen des Alltags angewiesen. Wo Zivilisation und Tourismus noch nicht das Leben denaturierten, begegnet man barbarisch rauhen Bräuchen, aber ebenso einer spontanen Herzhaftigkeit. Die bloße Gefühligkeit aus dem gleichmachenden Topf der modernen Zivilisation ist den Landleuten fremd. Die Leidenschaft für den anderen oder gegen den anderen äußert sich radikal und kann leicht mit dem Gesetz in Konflikt geraten. Aber dem Menschen, der ihnen gut begegnet, sind sie wieder gut. Dem Gastfreund öffnet sich das verschlossenste Tor, auch wenn Kriege oder Politik die Völker spalten und jeder Fremde der Feind sein kann. Es ist, wie wenn das reine und durchdringende Licht die eindeutige Haltung provoziere. Keine komplizierte Gesetzesklausel vermag die einfache Reaktion, die Treue zum Gast oder den Haß zum Blutsfeind, von ihrer Unbedingtheit abzubringen.
Die gleichen Charakterzüge, die Landschaft und Menschen der Südprovence auszeichnen, finden sich gesteigert wieder unter griechischem Himmel. Die Verbindung ist uralt. Nicht von Italien, auch nicht von Sizilien aus führt der Weg zur griechischen Landschaft. Enger und wesensverwandter ist die Verbindung zwischen Provence und Attika. In der Provence beginnt Griechenland. Die gleiche Intensität des Lichtes dringt in das Mark der Dinge. Die gleiche konturenschaffende Deutlichkeit und Klarheit, deren erregende Nötigung die großen Maler berauschte. Das griechische Licht »schenkt einen Rausch, der aber ein Rausch voller Klarheit ist, voll Gesundheit auf wirklicher Erde«. So erlebte es ein zeitgenössischer Griechenlandfahrer. Durch die Schluchten und Berglandschaften Griechenlands bläst kein Mistral. Der attische Wind reinigt und kräftigt, er hält die Lebensgeister jung. Aber

wenn wir das Rhônetal verlassen und die Hügelketten und Bergdörfer der Provence aufsuchen, erleben wir die gleiche gesunde Grobheit der Natur, die in der griechischen Landschaft wiederkehrt.

Das südliche Licht findet seine höchste Intensität im Licht von Hellas. Man sagt, die griechische Landschaft sei von den Fluten des Lichtes ausgeglüht und zeige dem Betrachter aus der Vogelschau ein Greisengesicht. So sieht es der Fernblick. Wer seinen Fuß auf griechisches Land setzt, wird die Wildheit und Jugendfrische bewundern. Die karge Landschaft und die Zeugnisse menschlicher Schöpferkunst leben im Licht und durch das Licht. Das Licht beseelt sie und hält sie jung. Tempelruinen, Wälder von Säulen und zerstückelte Skulpturen scheinen im attischen Licht den Jahrhunderten zu spotten. Nichts Konserviertes oder Mumifiziertes haftet ihnen an. Nicht nur, daß der Torsocharakter abgeschlagener Tempelsäulen und zerstörter Plastiken, der Mauerreste alter Kultstätten einen neuen Grad von Ganzheit erreicht hat, der dem Gegenstand eine klassische Vollkommenheit verleiht. In der Gunst des griechischen Lichtes erscheinen sie alterslos. Das klare Licht und der immer lebhafte, herbe Meerwind haben den Marmor rein erhalten. Er könnte gestern im Steinbruch geschlagen worden sein.

Wahre Klassizität bedarf des klaren Lichtes. Romano Guardini hat darauf hingewiesen, daß an einer griechischen Vase oder korinthischen Säule nichts verborgen ist. Sie offenbaren ihre letzte Tiefe, ihren eigentlichen Grund. Es ist »Tiefe, die in der Klarheit liegt«. Damit wird der Prozeß des menschlichen Bemühens, der auf das Erkennen der Dinge, auf ihre Wahrheit gerichtet ist, nicht verkürzt, wohl aber die Sinnrichtung unseres Denkens und Fragens geklärt. Für den Nordländer, der ein anderes, kompliziertes Verhältnis zum Licht hat, besteht von jeher die Versuchung, die Tiefe im Dunkel, in der

Nacht erfahren zu wollen. In der Pseudokunst und Pseudowissenschaft, in der breiten Schicht des Vulgären verflüchtigt sich die Meinung zur Verwechslung von wirklicher Tiefe mit bloß Dunklem, Verworrenem, Kompliziertem – und zur Gleichschaltung des Einfachen mit dem nur Oberflächlichen. In der nordischen Mythologie wird die mächtige Gegenwart der Götter im geheimnisvollen Dunkel der Julnächte erlebt. Die lichthafte Gestalt eines verklärten Gottes würde in dieser mythischen Vorstellungswelt befremden. Dichter und Philosophen der deutschen Romantik haben versucht, eine Synthese zu finden. Novalis läßt die Nacht in einem heiligen Glanz erstrahlen. In den »Hymnen an die Nacht« wird für Novalis die tote Geliebte zur »Sonne« seines Nachthimmels. Sie, die im Tod dem totalen Zustand in der Harmonie des Alls vermählt ist, wird nicht nur zur Deuterin der Nacht und des Todes, sondern soll den Dichter einweihen in das Mysterium von Nacht und Tod, bis er ihrer ganz würdig und die Trennung überwunden ist. Für Novalis sind, vom Ende her gesehen, Nacht und Tod Durchgang und werden aufgehoben durch den ewigen Tag. »Nur eine Nacht der Wonne –/ Ein ewiges Gedicht –,/ Und unser aller Sonne / Ist Gottes Angesicht.«

Gleichwohl haftet der Nachtmystik, die ja auch durch die nordischen Mythen geistert, eine verführerische, gefährliche Neigung an. Wohl liegt in jeder Nacht die Gewißheit des neuen Tages verborgen. Aber Nacht, Dunkel, Abgrund, Tod in sinngleicher mythischer Deutung als Gegenpart zur Schöpfungsüberlegenheit des Tages auszuspielen, führt in heillose Verwirrung. »Den Grund finden wir nie im Abgrund« (Heidegger).

Wie die Dinge gesehen werden, so wird die Welt gedeutet. Das Gesehene verdichtet sich zum Weltbild und wird als Wesenszustand der Welt erkannt. Die Deutungen sind unterschieden wie die Sprachen der Völker, wie das Licht, das ihre Augen sehend macht. Je mehr schon die sichtbare Welt verhangen ist, nebulos, ungestalt, und die Erkenntnis der einfachen Dinge problemschwer wird, um so mehr neigen wir dazu, diesen Zustand ontologisch zu festigen. In einem so erlebten Weltzustand wird das Erkennen abhängig vom menschlichen Sehenkönnen. Der Erkenntnisakt gründet nicht mehr in der Wirklichkeit des Gegenstandes, sondern im subjektiven Vermögen des Erkennenden. Der Süden denkt anders. In der intensivierenden Klarheit des südlichen Lichtes wird das Sehenkönnen vom Gegenstand gegeben. »Nicht die Subjektivität begründet das Sehen, sondern das Sehen ist die Antwort darauf, daß Wirklichkeit da ist und gesehen sein will« (Guardini).

Die schönste und eindringlichste Deutung des Lichtes gab Dante in der Lichtmetaphysik seiner Göttlichen Komödie. Ihr liegt die Erfahrung des südlichen Lichtes zugrunde. Nicht nur wird das Licht zum Zeichen des Guten und wird das Infernum als Abwesenheit des Lichtes erfahren. Das Bewußtsein Gottes, der innerste Kreis des Himmels ist *pura luce*, reinstes Licht. Dem Anblick dieses gewaltig flutenden und für den Nichteingeweihten tödlichen Lichtes steht der Wanderer verständnislos gegenüber. Erst nachdem er seine Augen in der Lichtflut gebadet hat, die selbst Teil des Himmels ist und von Gott kommt, wird der Wanderer sehend und darf das höchste Ziel, die Vollendung, schauen. Das eine Licht selbst gibt, daß man es schauen kann. Aber es fordert die Hingabe dessen, der seinen Bereich betreten hat. »Nun sind wir aus dem weitesten Bereich hinausgeschritten in den Himmel, der reinstes Licht ist. Geistiges Licht, der Liebe voll; Liebe zum wahren Gut, der Freude voll; Freude, die alle Süße übersteigt.«

Die tote Stadt – Les Baux

Was hatte uns nach Les Baux geführt? Erinnerung an eine Verszeile Frédéric Mistrals, des provencalischen Dichters? »Die Fürstinnen von Baux auf den golden schimmernden Felsen wie auf Thronen saßen.« Erinnerung an die mittelalterliche Stätte der Poesie und Courtoisie, wo die berühmtesten Trobadors im Wettstreit der *Art de trobar* den schönen Herrinnen huldigten? Oder war es die Erinnerung an die weniger galanten Herren, die auf den Felsenklippen von Les Baux hausten? Ein hochfahrendes, streitbares Geschlecht, das Kaisern, Königen und Fürsten die Stirn bot, das blutige Kleinkriege ins Land trug, Städte erpreßte und die Bevölkerung tyrannisierte. Waren wir hergekommen, die Zufluchtsstätte der Albigenser und Hugenotten zu sehen, die ihres Glaubens wegen von den Strafkommandos der allerchristlichen Könige grausam heimgesucht wurden?

Seit fast dreihundertfünfzig Jahren existiert Les Baux nur noch in der Erinnerung. Im März 1632 befahl König Ludwig XIII., Burg und Stadt zu zerstören, weil Les Baux sich dem Aufstand der Südländer angeschlossen hatte. Les Baux auf dem felsigen Vorberg der Alpilles wurde zur Ruinenstadt, zur toten Stadt.

Wir waren von Saint-Remy heraufgekommen, hatten dort den Zufluchtsort des Malers Vincent van Gogh gesucht, das als Irrenhaus dienende ehemalige Kloster Saint-Paul-de-

Mausole. Wir fanden Saint-Paul-de-Mausole außerhalb des Landstädtchens zwischen Weinbergen, nahe der ausgegrabenen Römerstadt Glanum. Aber nicht die freigelegten antiken Monumente reizten uns, sondern das Haus, das Vincent van Gogh nach seinen ersten Wahnsinnsanfällen aufnahm, vom Mai 1889 bis zum Mai des darauffolgenden Jahres.

Er war kein Gefangener, sondern malte, wo immer er wollte, im Garten, in der Umgebung, ging sogar in Begleitung nach Saint-Remy. Doch wochenlang verbarg er sich in seinem Zimmer, »wie ein Besessener« arbeitend. Durch sein vergittertes Fenster sah er »eine Landschaft von äußerster Einfachheit«, ein Weizenfeld, Olivenbäume, die steinigen Hügel, »eine große weißgraue Wolke, die in das Himmelsblau untertaucht«. Er malte einen Mäher, »der in der Gluthitze kämpft, um mit seiner Arbeit zu Ende zu kommen«. Seinem Bruder Theo schrieb Vincent, er sehe im Mäher das Bild des Todes. »Aber in diesem Tode liegt nichts Trauriges, es geschieht im vollen Licht, mit einer Sonne, die alles mit Licht und überreichem Gold überstrahlt.«

Das mit den Augen des Malers gesehene Bild ließ uns nicht los. Es schob sich vor unsere hochgespannten Erwartungen und betraf auch die tote Stadt Les Baux, zu der wir hinaufwanderten.

Vergessen, erloschen war, was uns hergeführt hatte, vergessen war die einzige Straße am Berghang mit ihren da und dort noch bewohnten, gebrechlichen Häusern, als wir auf der Bergkuppe standen, umgeben von Felsgestein und bizarr gestuftem, totem Mauerwerk. Das Alleinsein in dieser Totenregion, die Stille um uns, von Süden heranziehende Wolken, die sich drohend über den Alpilles zusammenschoben und die Ruinen mit ihren Schattenbahnen überzogen, das alles schärfte unsere Sinne. Uns schauderte vor der Ausschließlichkeit eines Eindrucks, der nur noch das Vernichtend-Tragische, das im Ruinenzustand Überdauernde wahrnahm. Wo war denn das alles überstrahlende »Licht und überreiche Gold«?

Selbst der Ginster, der goldgelb blühte, vereinzelt zwischen den Ruinen, in großen Büscheln an den Hängen, konnte den Eindruck nicht mildern. Wir befanden uns inmitten einer gespenstischen, makabren Vision. Der Gegenwart vollends entrückt, gingen wir durch eine ruinöse, surreale Traumlandschaft. Hier also ließ sich Jean Cocteau zu seinem Orpheusfilm anregen. Diese bizarren Ruinen, diese Höhlen, Gänge, Spalten, Steintreppen, fast schon wieder Fels gewordene Mauern dienten Cocteau als Kulisse seines absonderlichen Hades.

Manches Gemäuer ist kaum noch als Menschenwerk zu erkennen, mischt sich mit dem Fels, als hätte es der Felsgrund wieder zurückgenommen. Die salzigen, vom Meer her wehenden Winde haben den weichen Kalkstein angefressen und ausgelaugt. Poröse, grotesk geformte Mauergebilde blieben zurück, wie jene hochgereckte Wand mit dem seltsamen Durchblick, den die Einheimischen »Loch des Windes« nennen.

Wir kletterten steinerne Treppen, schmal wie Leitern, empor, entdeckten an Felswänden Reste von hohen gotischen Bögen, Reste von gebleichten Fresken und verwitterten Inschriften. Wir sahen Höhlenzisternen und geborstene Türme, sahen eingestürzte Kirchenschiffe und das merkwürdige halbzerstörte Columbarium, in dessen drei hohe Seitenwände kleine quadratische Nischen eingehauen sind. War dieses Columbarium, dieses Taubenhaus, vielleicht doch eine grandiose Gräberanlage, eine Urnenstätte?

Les Baux hatte sich 1632 dem Aufstand des Languedoc gegen die französische Krone angeschlossen. Die Barone und einige Bischöfe hofften ihre althergebrachten Vorrechte zurückzugewinnen. Richelieu, der souveräne Staatslenker des eher schwächlichen Königs Ludwig XIII., nutzte die Gelegenheit, die letzten feudalen Festungen zu schleifen und auch das widerständige Les Baux auszulöschen. Das Todesurteil des Jahres 1632 bewahrte im Ruinenzustand, was Jahrhunderte vorher geschaffen hatten.

Nun liegen die Zeichen aus christlichen und heidnischen Epochen im friedlichen, ewigen Pakt nebeneinander: eine Straße, von Römern in den felsigen Boden gelegt, und gotische Kapellenwände; in das Felsgestein gehöhlte Grüfte und der zierliche Renaissance-Pavillon der Königin Jeanne; der Sarazenenturm und der kalvinistische Betsaal. Dieses Nebeneinander der Epochen gilt nicht nur für die toten Denkmäler. Es zeigt sich ebenso im religiösen Brauchtum der wenigen Einwohner, deren Dorf am Weg unterhalb der Ruinenstadt liegt. Marcel Pobé erzählt von einem heidnischen Opferbrauch, der alljährlich in die Feier der nächtlichen Weihnachtsmette einbezogen wird. Zur Opferung bringen Hirten in die kleine Kirche St. Vincent unter Musikbegleitung auf einem festlich geschmückten Wagen, der von einem Widder gezogen wird, »ein weißes Lamm zum Jesuskind, das der zelebrierende Priester den handelnden Personen zum Kuß hinhält«. Sie küssen das weiße Lamm, das Unschuld bezeichnet, und beziehen die Kreatur in die heilige Handlung ein. Es berührt eigenartig, daß diese schöne Geste von den Nachfahren der Katharer oder Albigenser vollzogen wird.

Die Katharer, die »Reinen« also, suchten außerhalb der Papstkirche, deren Legitimität sie anzweifelten, nach der reinen, einfachen Lehre zu leben. Sie beriefen sich auf die Urkirche. Wenn sie zu zweit durch das Land pilgerten, trugen sie das Johannes-Evangelium mit sich, in einem Lederbeutel über ihrem schwarzen Umhang. In ihrem Verhältnis zur Welt nahmen sie wörtlich, ja radikalisierten sie zu einer dualistischen Welt- und Gotteslehre, was der Evangelist Johannes in seinem ersten Brief schrieb: »Alles, was in der Welt ist, des Fleisches Lust und der Augen Lust und hoffärtiges Leben, stammt nicht vom Vater, sondern von der Welt.«

Zur gleichen Zeit, im zwölften Jahrhundert, als sich die Lehre der Katharer im Süden Frankreichs ausbreitete und nach Les Baux gelangte, pflegten die kleinen und großen Höfe die »fröhliche Wissenschaft«, die *gai saber*, der Trobadors. Les Baux erreichte zwar nicht die hohe Bedeutung der Minnehöfe von Toulouse oder Poitiers, zählte aber zu den rührigsten Höfen der Provence. Die bekanntesten Trobadors kehrten ein, den Damen von Baux ihre Lieder zu widmen. Zu den Gästen gehörte Bertran de Born, der seine Canzonen und politischen Rügelieder vortrug – ehe er im Alter die Zisterzienserkutte nahm. Einmal stand Bertran de Born ein Wunsch frei, und er begehrte aus der Hand seiner verehrten Dame roten Wein zu trinken. Cecile, die Herrin von Baux, ließ von einer Dienerin in ihre aneinandergelegten Handschalen Wein gießen und den Trobador vor aller Augen trinken. Von der ihrer Schönheit wegen viel umworbenen Cecile wird anekdotisch berichtet, sie habe ein andermal vor einem der häufig veranstalteten Liebesgerichte eine bemerkenswerte Frage gestellt. »Eine Dame sieht einen ihrer Bewerber liebevoll an, einem zweiten drückt sie die Hand, einem dritten drückt sie den Fuß mit ihrem Fuß. Welchem der Bewerber hat sie nun die größte Zuneigung gezeigt?« Das aus Damen und Rittern zusammengesetzte Liebestribunal entschied für die Fußberührung, weil diese heimlich erfolgt und die größte Liebe die verborgene sei.

Der *cortesia*, der Höf-lichkeit, die in den Canzonen der Trobadors besungen wurde, lag ein Sittenkodex zugrunde, der die körperliche Liebe und die Erfüllung ausschloß. Das

glühende Verlangen der Katharer nach Läuterung durch Askese, nach Vergeistigung in einem Lichtreich (sie tauften nicht mit Wasser, sondern mit Licht) fand im aristokratisch-höfischen Bereich eine durchaus analoge Entsprechung: in der Verfeinerung, Vergeistigung, Sublimierung der Leidenschaften. Es gab ja enge Beziehungen zwischen Katharern und Trobadors, schon durch ihr zeitliches und lokales Zusammentreffen.
Den größten Einfluß, vielleicht sogar ihren Ursprung verdankt die Trobadorpoesie der arabischen Liebeslyrik. Sie war mit einer Fülle anderer musischer und wissenschaftlicher Errungenschaften der hochkultivierten Araber aus Spanien nach Südfrankreich, nach Aquitanien und Burgund gelangt. Aber als ihr Ureigenes verbanden die Trobadors ihre poetische Kunst mit einer neuen Gesittung der Frauenverehrung. Der Trobador leistete Herrinnendienst, das provencalische *domneiar,* und er hatte sich seiner Herrin würdig zu erweisen. Seine Liebe war Fernliebe, die *amor de lonh,* in der Regel einer *domina,* einer verheirateten Dame, zugedacht.
Der Sänger Bernart de Ventadorn, dessen Canzonen in der Übereinstimmung von Form und Gefühl zu den vollkommensten gehören, spricht eindeutig von seiner Herrin:

Buhlschaft mir zu schenken
spräch ihrer Würde Hohn

In einer anderen Canzone beteuert der Trobador:

So schnellt das Fischlein auf den Köder los
und weiß kein Arg, bis es am Haken hänget,
wie eines Tags in allzuraschem Stoß
ich nach der Liebe flog und war versenget.
. . .

So will ich ewig ihr zu Glück und Preis
als Knecht und Freund im Dienste mich bequemen,
ob gut, ob schlecht sie meine Minne heiß;
Herzens lebendger Trieb läßt sich nicht zähmen.

Die Trobadorpoesie lebt geradezu aus der Spannung zwischen Begehren und Unerfülltheit des Liebesverlangens. Ein Paradox, wie wir heute sagen würden. Aber doch in der Hochgestimmtheit der *Leys d'amor*, in der neugewonnenen Wertschätzung der Frau, in der verbindlichen, auf Maß und Wert, *mesura* und *valors*, gegründeten Sittlichkeit eine einzigartige und weit über die ästhetische Qualität hinausreichende Leistung der Trobadorpoesie.
Unter den rund vierhundertfünfzig mit Namen bekannten Trobadors gab es auch andere Stimmen. Der originelle Satiriker Marcabru, der aus der Gascogne stammte, gefiel sich in seiner Frauenfeindschaft und darin, daß er »von keiner je begehrt ward«:

Jeder, den die Weiber leiten,
stürzt mit Fug in Mißlichkeiten,
wie's die heiligen Schriften künden.
        Hört nur, hört!
Euch wird auch das Unheil finden,
so ihr euch nicht schnell belehrt.

Aber Marcabru fand sein »Unheil« bald, indem er vom Hof in Poitiers gejagt wurde, als er selbst in Leidenschaft zur Herrin entbrannte und offenbar die Eifersucht des strengen Ehegemahls weckte. Ob Marcabru, der rastlos umherzog und bis nach Spanien gelangte, jemals am Hof von Les Baux war? Den Herrinnen »auf den golden schimmernden Felsen« sagte man nach, ihr Liebreiz habe jedem von fern oder nah heraufge-

kommenen Trobador die schönsten Lieder der Verehrung entlockt.
Die Fürsten von Les Baux waren aus groberem Holz geschnitzt. Sie hatten einen der Heiligen Drei Könige, Balthasar, zu ihrem Ahnherrn erkoren. Der Weihnachtsstern glänzte in ihrem Wappen. Aber sie waren keine Friedensherren. Die Chronisten berichten von einem gewalttätigen, zügellosen Geschlecht. Geißel der Provence nannte man Raymond de Turenne, der seine Feinde von der Zinne der Burg stürzen ließ, um zu sehen, wie sie an den Felsen zerschellten. Die noch als Ruine gewaltig vom Bergfirst in den Himmel aufragenden mittelalterlichen Burgmauern krönen die Trümmerstätte. Von hier aus beherrschten die Fürsten das Land. Im hohen Mittelalter waren ihnen neunundsiebzig Burgen untertan, dazu die Ländereien bis fast ans Meer, die *terres baussanques.*
Weit reicht der Blick von der Burgzinne über die hügeligen Ausläufer der Alpilles mit ihren sonnengebleichten Kreidefelsen über das ockerfarbene Tiefland der Provence. Ein herbes, von der Sonne ausgeglühtes Land, dem die Olivenhaine und die dunklen Kerzen der Zypressen, die als Windfang um die Äcker gepflanzt sind, nur wenig Schatten spenden. Zum Meer hin dehnt sich die steppige Crau und das Schwemmland der Camargue mit den Salzlagunen.
Unterhalb der Burgfelsen blühen Ginster und der würzige Thymian. Noch einmal mußte ich daran denken, daß in dieser Burg nicht nur die Gewalt herrschte, sondern die Macht der Poesie, des höfischen Minnesangs. Wie oft mögen hier jene *Jeux floriaux,* die Blumenspiele, die artigen Wettstreite der Trobadors um den Preis einer goldenen Blume, ausgetragen worden sein? Wir gingen von Stein zu Stein durch die zerschlagene tote Stadt und sahen sie mit anderen Augen »im vollen Licht und von überreichem Gold überstrahlt«.

Die Welt von Chartres

Perspektiven

Ich lernte Chartres aus der Perspektive eines Kriegsgefangenenlagers kennen, Dépôt 501 in Le Coudray, ein Studienlager unter dem Protektorat des Nuntius Roncalli, des späteren Papstes Johannes XXIII. Das heißt: zweiundzwanzig Monate hatte ich aus der Distanz von vielleicht sechs Kilometern die Kathedrale vor Augen. Wenn ich an der Nordostecke des Lagers stand, sah ich durch den Stacheldrahtzaun die beiden ungleichen Türme der Kathedrale. Die unaufhebbare Distanz, das Sehen-, aber nicht unmittelbar Erfahrenkönnen, rückte mein Verhältnis zur Kathedrale, von der ich gelesen hatte oder erzählen hörte, in eine eigentümliche Spannung. Einmal wurden wir, ein Trupp von zwanzig, unter Bewachung in das Tal der Eure geführt. Der Ausgang, dieses Sich-Lösen aus dem Zwang des abgesteckten Lagerblocks, war wie eine Befreiung, die unseren Sinnen eine fast schon vergessene, fremde, ungemein eindrucksvolle Welt erschloß. Wir sahen grüne, saftige Viehweiden, verfallene Mauern und graue Glockentürme. Es roch nach Champignons und Minze. Auf den Feldern flimmerte der Altweibersommer, dessen weiße Fäden von den Einheimischen »les fils de la Vierge« genannt werden. In einem knorpeligen Baum am Wegrand saß ein alter Mann, der seinen Filzhut schwenkte. Wo das

ebene Land sich öffnete und den Blick freigab, sahen wir die Türme der Kathedrale aufsteigen, ein fernes Präsent auf dem Wiesenteller. Ich erinnere mich, daß dieser einzige ländliche Ausgang innerhalb der zweiundzwanzig Monate meine Kräfte übermäßig beanspruchte. Vielleicht deswegen habe ich nie danach gedrängt, zum Ernteeinsatz auf einem Landgut außerhalb des Lagers eingeteilt zu werden.
Doch einmal, gegen Ende der Gefangenschaft, wurde mir erlaubt, die Uniform des Prisonniers mit schwarzer Hose, schwarzer Jacke und Baskenmütze zu tauschen und so, in der Standardkleidung eines französischen Kleinbürgers, nach Chartres zu gehen. Wer kennt nicht Situationen, die trotz ihres realen Ablaufs unversehens ins Unwirkliche und Traumhafte umschlagen oder so empfunden werden. Es war eine merkwürdige, aus Fremdheit und Erwartung gemischte Situation, in die ich nach dem Verlassen des Lagers geriet. Ich ging eine Straße, die ich nie vorher gegangen war, in fremder, geliehener Kleidung. Für einige Stunden war ich frei, obwohl auch diese Freiheit nur geliehen und abrufbar war. Ein Wegstück nahm mich ein holpernder Milchwagen mit.
Als wir auf die Kathedraltürme zufuhren, sagte mein Begleiter, an den Sockelquadern könne man noch die Spuren vom Pferdedreck aus dem Ersten Weltkrieg sehen. Im Zweiten Weltkrieg hätten die staatlichen Konservateure die kostbaren Fenster herausgenommen und durch stumpfe Glasscheiben ersetzt. Zeitweise habe die Kathedrale als Lazarett gedient. Er fragte, ob ich wisse, daß im Mittelalter Hunderte und Tausende von Pilgern auf den strohbedeckten Fliesen gelagert hätten.
Sooft ich in späteren Jahren nach Chartres kam, die breite Autostraße von Paris her fahrend, über die große Weizenebene der Beauce, oder auf dem ländlichen, grünen Weg über Port-Royal-de-Champs und Dampierre, das letzte Wegstück

durch das idyllische Euretal, es war nur Wiederholung der ersten Begegnung, die unter so eigenartigen Umständen stattfand.

Der Vorplatz

Mir fiel auf, wie klein und schutzbedürftig die in den Schatten geduckten Wohnhäuser neben der Kathedrale stehen. Zugleich kam mir der Gedanke, daß die Kathedrale auf die Häuser und die Menschen, die in ihnen wohnen, angewiesen ist. Sie erschöpft sich nicht im Symbol, im Abbild irgendeiner hochgespannten Vorstellung, sondern wurde geschaffen als Realität, ein Stück des »Neuen Jerusalem«, aber doch mit aller Lebensintensität in dieser Welt.

Über den Vorplatz trippelte eine aufgescheuchte Schar von kleinen Jungen und Mädchen. Ihre lauten Stimmen vertrieben jede Langeweile. Sie trugen blaue Leinenkittel, die in der blendenden Helligkeit des Vormittags farblos wirkten. Nur das Weiß der Flügelhauben zweier Nonnen stach in die Augen. Aus dem Seitenportal kamen ein paar Frauen mit dunklen Kopftüchern, ihre Einkaufskörbe am Arm. Sie redeten kurz miteinander und überquerten ohne Eile den Platz. Kein Besucher, kein Fremder störte den Provinzmorgen.

Vor das Westportal, das Portail Royal, mit den beiden flanierenden Türmen der älteste Teil des Bauwerks, ist ein Gitter gezogen, ein schmaler Durchlaß geöffnet. Aber die Augen wandern hoch, finden Halt an der großen Fensterrose über dem Mittelportal und folgen den nach oben strebenden Türmen. Was erklärt die Verschiedenheit der Türme?

Der südliche glatte, schuppige Spitzturm scheint nach dem Übergang des viereckigen Turmsockels in das achteckige Obergeschoß aus dem Turmleib herauszuwachsen. Er ver-

jüngt sich bis zur Spitze ohne Schmuck. Charles Péguy nannte den Spitzturm »unique au monde«, einzigartig in der Welt. Der gotische Nordturm sprengt sein Gehäuse und drängt nach außen; die Wände sind durchbrochen, und noch die schmale Helmspitze trägt Zierat und Krönchen. Irgendwo hatte ich gelesen, der Südturm gleiche einer Knospe, der Nordturm einer voll aufgeblühten Rose. Ein schönes, aber unzulängliches Bild, das die kraftvolle Geschlossenheit der Türme eher lyristisch aufweicht.
Nach einem Brand, der im Jahre 1134 die Stadt verheerte und die frühere Kathedrale des Bischofs Fulbertus (11. Jh.) beschädigte, wurde zunächst der Nordturm und im darauffolgenden Jahrzehnt der Südturm errichtet. Zur gleichen Zeit entstand das Westportal. Aber während der Südturm mit seiner hohen, glatten Helmspitze in einem Zug bis zum Jahre 1160 vollendet wurde, überragte der früher begonnene Nordturm den Kirchenbau nur um zwei Galerien, gedeckt durch ein einfaches Zeltdach. Erst am Anfang des 16. Jahrhunderts erhielt der Turm seine spätgotisch ausladende Krönung.
Auf einem Pfeiler am rechten Eingang des Nordportals steht die liebliche Gestalt der St. Modeste, der Schutzheiligen von Chartres. Ein anmutiges, lächelnd bewegtes Gesicht, dem man noch heute wie vor achthundert Jahren in den Straßen der Stadt begegnen könnte. Die alten Chroniken berichten, daß alle Bürger der Stadt, ob reich oder arm, am Bau der Kathedrale mithalfen. Nur so konnte der Kathedralbau am Anfang des 13. Jahrhunderts in knapp vierzig Jahren emporgetürmt werden, wiederum nach einem Brand, der im Jahre 1194 die Fulbertus-Kathedrale bis auf den Grund zerstörte. Nur die Krypta und die beiden Türme mit dem neugebauten Westportal hatte das Feuer verschont.
»Wer hat jemals Ähnliches gesehen oder gehört«, schrieb der

Abt Haymond von St. Pierre-sur-Dive: »Mächtige Herren und Fürsten dieser Welt, selbst Frauen von edler Geburt beugten ihre Häupter und spannten sich gleich Zugtieren vor die Karren, um Wein, Getreide, Öl, Kalk, Steine und Holz den Werkleuten der Kirche zuzuführen.« Was trieb sie an, die Karren zu ziehen, selbst die schweren kieseligen Kalksteine aus den Steinbrüchen von Berchère heranzuholen? Und was zwang nach ihnen die Pilger, Tausende und aber Tausende, auf den Weg nach Chartres?

Die Verehrung sucht ein sichtbares Zeichen, das der menschlichen Vorstellung Halt gibt, das eine Brücke schlägt zwischen Erde und Himmel. Chartres bewahrt ein bescheidenes Zeichen: das Velum, das Schultertuch Mariens. Kein Grabstein befindet sich in der Kathedrale. Kein Papst oder Heiliger, kein weltlicher Herrscher fand hier seine Ruhestätte. Doch mit den Pilgern kamen Könige und Päpste nach Chartres. Napoleon, der seine Straßen kilometerweit in Richtung auf die ungleichen Türme anlegen ließ, soll gesagt haben, ein Gottesleugner werde sich nicht wohl fühlen in Chartres.

Rodin hatte in seinem Tagebuch notiert: »Die Mittel, die zum Verständnis führen, sind rings um euch. Die Kathedrale ist die Synthese des Landes. Felsen, Wälder, Gärten, die Sonne des Nordens, dies alles ist in ihrem gigantischen Körper enthalten.« Aber dies ist ein Teil dessen, was die Kathedrale ausmacht, nicht mehr als derjenige erkennt, der die plastische Schönheit und das in der Kathedrale zusammengefaßte Menschenwerk bewundert. Die Frage ist, ob die Mittel »rings um uns« ausreichen zum Brückenschlag, anders und direkter gefragt, ob uns heute die Kathedrale nicht nur als bewundernswertes museales Fossil gegenübersteht.

Der Engel mit der Sonnenuhr

Als der Vorplatz unter dem plötzlichen Einfall der süßen Mittagsschläfrigkeit menschenleer und still dalag, stand ich vor dem Engel mit der Sonnenuhr. Die Schatten fielen senkrecht. Schmächtig, fast körperlos steht der Engel wie auf dem Grat eines Berges, zum Abflug bereit. Dem widersprechen die langen, rostigen Eisenklammern, die den verwitterten Steinkörper festhalten. Der Bote, der unser Zeitmaß auf seiner großen Scheibe einfängt, ist zum Bleiben bestimmt, zum Überdauern der Zeit. Heiter blicken die fast erloschenen Augen auf die Stadt und die Menschen herab. Heiter und distanziert, nicht faßbare, schwerelose Fremdheit des Engels, ohne Anteilnahme, ohne sich einzumischen in das, was unter seinen Füßen passiert.

Der Engel könnte zu der Deutung verleiten, die Kathedrale manifestiere ausschließlich einen unendlich erhabenen, sakralen Bereich, losgelöst von aller Weltlichkeit. Das wäre eine Fehldeutung. Gewiß schufen die Baumeister keinen Zweckbau im Sinne heutiger Architektur. Hätten sie sonst Figuren und Ornamente auch an solche Stellen setzen lassen, die für das Auge unerreichbar sind? Aber gerade in Chartres, wo ja zum erstenmal die frühe Gotik, vor Reims, Amiens und den nachfolgenden Kathedralen, zur vollen Entfaltung gelangte, tritt die Weltlichkeit des Menschen hervor. Zum erstenmal öffnet sich ein Gotteshaus der Darstellung des Menschen in seiner Individualität und Geschichte. Vielleicht deswegen, weil der Mensch nicht mehr als abstraktes Wesen, sondern als Person erkannt wurde, reizte es die Bildhauer zu einer Überfülle plastischer Figuren, von denen keine der anderen gleicht. Selbst Christus inmitten der Apostel erscheint nicht mehr als der majestätische, sondern der gütige, den Menschen zugeneigte Herr.

Die Kathedrale ist darum nicht weniger Kultstätte, Ort des Mysteriums. Doch das Neue, die von Chartres ausgehende Lehre, läßt konsequent weltliches und geistliches Leben zusammentreffen, aufeinander bezogen sein. Vielleicht kann man sagen, daß die Kathedrale zum Ort wird, an dem in der architektonischen und künstlerischen Formgebung Inkarnation, Leibwerdung, stattfindet.

Das Weltbilderbuch

Es heißt, die Kathedrale sei die in Stein gehauene Dogmatik des Mittelalters. Vorstellbar wäre, daß hier Kleriker und Seminaristen ihre Disputatio austrugen; vielleicht vor dem lehrenden Christus in der Mitte des Südportals, den achthundert Figuren umgeben, Heilige und Unheilige; vielleicht vor dem großköpfigen Aristoteles, der in einem Bogenkranz des Westportals gebückt mit seinem Schreibgriffel auf eine Tafel ritzt. Aber auch andere vorchristliche Denker sind in diesem Weltbild gegenwärtig, Pythagoras, Euklid, Ptolemäus oder Cicero.

Mich beschäftigt, wie in der Kathedralwelt jeder starre Dogmatismus aufgebrochen ist und sich hier eine freiheitliche Weltlichkeit ausspricht, die das Klischee vom mittelalterlichen Systemzwang entkräftet. Diese Summa Theologica aus Stein und Glas ist nicht klerikal und eng gesehen. Sie ist zu Ende gedacht als Summa der Welt und umfaßt die gesamte Schöpfung. Das gallisch-römische Mauerwerk aus dem dritten Jahrhundert, auf dessen Fundamenten die erste Kirche gebaut und 1260 die Kathedrale in Gegenwart König Ludwigs des Heiligen geweiht wurde, führt auf ein altes Druidenheiligtum zurück.

Caesar schreibt im sechsten Buch *De bello Gallico*, die Druiden, die Priester der Kelten, »versammeln sich zu einer

bestimmten Jahreszeit an einer geheiligten Stätte im Land der Carnuten, das in der Mitte ganz Galliens liegt«. Auf Chartres, mit lateinischem Namen Carnutum genannt, als zentrales keltisch-druidisches Heiligtum verweist ein weiteres beglaubigtes Zeugnis. Noch heute wird an einer Stelle der Krypta der legendäre »Brunnen des starken heiligen Orts« gezeigt, *le puits des Saints Lieux Forts.* An dieser vorchristlichen Kultstätte verehrten die Einheimischen die *Virgo Paritura,* die Jungfrau, die gebären wird. Ihre uralte hölzerne Statue stand bis zum Jahre 1650 neben dem heiligen Quell. Über dem Urheiligtum entstand die mittelalterliche Kathedrale. Im Kosmos der Kathedrale hatte die heidnische *Virgo Paritura* als natürliche Vorläuferin der *Virgo qui paruit,* der Jungfrau, die geboren hat, ihre von Gott gegebene Bestimmung.
Die vorchristlichen Uroffenbarungen verstand der mittelalterliche Mensch als Heilsweg zu Gott. Es galt, sie nicht zu vernichten, sondern einzugliedern in die neue Dimension der christlichen Botschaft. Alle Wege der Geschichte führen zu der einen Stunde der Inkarnation.
Eine unermüdliche Fabulierfreude übertrug jede Seite der heiligen Schriften in die Bildwelt der Kathedrale. Wenn der offizielle Text zu Ende war, schöpfte man aus dem reichen Schatz der Apokryphen. Auch hier bezeugt sich die unorthodoxe Freiheit. Die Apokryphen, jene Schriften aus unbekannten, nicht nachprüfbaren Quellen, die den biblischen Kanon ausschmücken oder fortführen, sind ja offiziell verworfen. Selbst arabische Legenden finden Eingang in die Bildwelt der Kathedrale. Vor allem die Künstler der großen Fensterzyklen erzählen mit unbedenklichem Eifer die apokryphen Geschichten von der Kindheit Jesu, von den frühen Lebensjahren der Jungfrau und ihren Eltern Joachim und Anna, vom Tod und der Krönung Mariens.
Unzählige Legenden sind in Stein gehauen und in Glas

gebrannt, die wir nicht mehr entziffern. Gewiß erkennen wir den bärtigen Johannes mit dem Lamm oder den jugendlichen Theodor mit der Lanze. Wir entdecken in der steinernen Bilderschrift die Ordnungen der Natur und des Sternenhimmels, die Zeichen der Tierkreise, die Jahreszeiten und Monate. Ein Bauer mit Axt und Wildschwein stellt den November dar. Ein anderer löst seine Schuhe und wärmt sich am winterlichen Herdfeuer. Nichts aus dem Umkreis des Lebensalltags und der Menschengeschichte von Anbeginn ist zu gering, um nicht in dieses Weltbilderbuch aufgenommen zu werden.

Aber schon vor dem Westportal, vor der Galerie der langgestreckten jüdischen Königsgestalten stehen wir ratlos. Ich frage mich, was die erfinderische Phantasie der frühgotischen Bildhauer, die den Köpfen der Judenkönige Individualität gaben, antrieb. Wer mag in diesen charakteristischen Köpfen porträtiert sein? Wir wissen nur, daß sie die Vorfahren Mariens darstellen, die königlichen Pförtner an der Schwelle der Ekklesia. Ihren prüfenden Blicken ist ausgesetzt, wer die Kathedrale durch das zentrale Portail Royal betritt.

Der Gardien

Während ich dies schreibe, habe ich die schnarrende Stimme des Gardien im Ohr, sehe ich den kleinen, leicht gebückten, lebhaften Mann mit der schwarzen randlosen Kappe, wie er auf einen bereitgestellten Stuhl klettert. »Ecoutez le Gardien! Ecoutez le Gardien!« Mit flatternden Armen, ohne hinzuschauen, ein hurtiger Schnellredner, erklärt er die Kathedralwelt. Ich verstand das wenigste. Doch er weiß alles, schlägt aus jedem Stein eine Legende, vertraut mit den Bekennern und Märtyrern, den Königen und Heiligen. Er holt sie aus dem Himmel auf die Erde, freut sich kichernd, wenn er seine

Zuhörer zum Staunen bringt. Ein Kauz, so dachte ich, der zur Kathedrale gehört, wie er ja auch in der Kathedrale wohnte. Vielleicht fuhr er mit dem alten Fahrrad, das ungeniert an der Wand des Seitenschiffs lehnte, durch die Kathedrale, wenn die Besucher gegangen waren.
Allerdings wagte ich nicht, bei meinem ersten Besuch den Gardien anzusprechen, obwohl ich ihn sah, als er mit Handwerkern sprach. Erst nach einigen Jahren, als ich wieder nach Chartres kam und Besuchergruppen durch die Kathedrale zogen, hatte ich Gelegenheit, sein schlagfertiges Temperament und sein untrügliches Gedächtnis zu bewundern. Wiederum einige Jahre danach, als der Gardien der Kathedrale nicht mehr lebte, erfuhr ich, daß er Ritter der Ehrenlegion und Offizier der Akademie gewesen war.

Das Blau von Chartres

»Kein Fresko und keine Miniatur, sondern irgend etwas aus den Fenstern von Chartres« zählt André Malraux zu den Höhepunkten der Malerei im 12., 13. und beginnenden 14. Jahrhundert. Malraux spricht von einer »leidenschaftlichen Verdichtung«. Er sieht in den glühenden Farben der Glasfenster den »unmittelbaren Ausdruck eines Gefühls«, nicht Beiwerk, »nicht Schmuck, sondern letzte Erfüllung«. Dieser letzten Erfüllung lag die Vorstellung zugrunde, daß durch die farbige Brechung des Lichts das Göttliche spürbar werde und den Raum durchdringe. Es ging nicht darum, die Wände aufzubrechen, um durch die Glasfenster das profane Tageslicht einzulassen. Die großen farbigen Lichtteppiche der Fenster machen den Kosmos der Kathedrale transparent, um – nach den Worten von Emile Mâle – den Menschen »einen Begriff des Jenseitigen« zu geben.
Aus der Lichtmetaphysik der Kathedrale wird verständlich,

daß im Innenraum die unirdische, faszinierende Leuchtkraft der Glasgemälde vorherrscht. Ihnen dient alles andere als Rahmen: die bewundernswerte Architektur, die Pfeiler, Spitzbogen und Kreuzrippen, die Arkaden und Triforien. Doch keine Beschreibung kann einholen, was sich dem Auge darbietet.

Wie leuchtend mußte den Pilgern, die in der Kathedrale lagerten, der frühe Morgen erschienen sein. Mit der aufsteigenden und wandernden Sonne erwachen die Fenster. Welche Bewegung bringt das Mittagslicht in die große Südrose, wo die kleineren Rosen gleich Trabanten um ihren Leitstern, die rubinrote Sonne mit dem verklärten Christus, kreisen. In der Stunde vor dem Einbruch der Dunkelheit, während die anderen Fenster langsam erlöschen, entfaltet die gläserne Westwand ihre vollkommene Leuchtkraft: die Rose des Jüngsten Gerichts, darunter drei hohe Lanzettenfenster mit den Darstellungen der »Wurzel Jesse«, der »Kindheit Jesu« und der »Passion«.

Diese frühesten Fenster aus dem zwölften Jahrhundert gelten weithin als die schönsten. In ihnen erstrahlt jenes sublime, klare, unwiederholbare Blau von Chartres, das man ein Wunder genannt hat, in unvergleichlicher Schönheit. Über acht Jahrhunderte blieb die ursprüngliche Transparenz des blauen Glases unverändert erhalten. Für die Experten ein bis zur Stunde ungelöstes Rätsel, denn Wetter- und Umwelteinwirkungen konnten allein das Blau nicht trüben, während alle anderen Farben Patina angesetzt haben und der Restaurierung bedürfen. Bis heute ist das Geheimnis des blauen Glases von Chartres, das die Glasmaler hüteten, unerkannt.

Aber nicht weniger kann der gesamte »gläserne Himmel« von Chartres ein Wunder genannt werden. Weder in der Antike noch in der byzantinischen Kunst fand die Glasmalerei ihre Vorbilder. Sie entstand im frühen 12. Jahrhundert, untrennbar mit der frühen Gotik verbunden, und vollendete sich gleich am Anfang in einem wahren Kunstrausch der Glasmaler von Chartres.

Auf dem schönsten Fenster der Südwand, dessen Türkisblau und sattes Rot das Licht filtern, sitzt Christus im Schoß Mariens und hat die Hand zum Segen erhoben. Ein Kultbild des Mariendoms, das noch einmal an die *Virgo Paritura* erinnert, aber nun durch das farbige Glas in die neue, himmlisch durchlichtete Wirklichkeit entrückt. Die Gläubigen nennen das Glasbild seit Jahrhunderten *Notre Dame de la Belle Verrière,* Unsere Frau vom Schönen Fenster. Ich sah dieses Fenster in der Frühe, in der Mittagshelle und in der Dämmerung. Sogar in der Nacht soll das Bild leuchten. Immer teilt sich ein neues Geheimnis mit, sprechen oder singen die Farben, triumphiert die Bestimmtheit des königlichen Rot oder besänftigt das milde Blau oder harmonieren die Farben im mystischen Zusammenspiel.

Als ich einmal vor diesem Fenster stand, hörte ich Dominikaner, die mit Studenten aus Paris hergepilgert waren, die Vesper singen. Keine andere Musik wie das pathoslose Auf- und Abschwellen der Menschenstimmen im Gregorianischen Choral entspricht mehr der aus Stein und Glas geschaffenen Kathedralwelt. Die Mittagssonne warf Lichtbahnen, rechtekkige helle Flecken auf den abgetretenen Steinboden. Schatten und Kühle drängten sich unten, zwischen Stein und Stein, zusammen, während unter dem Gewölbehimmel das Licht sein schwereloses Spiel trieb. Durch das hohe Querschiff schossen Strahlenbündel. Sie legten helle Querstreifen auf die grauschattigen gerippten Pfeiler oder verloren sich irgendwo in den Seitenfeldern. Ein faszinierendes Spiel, das den Raum öffnete und die wuchtigen Gewölbe leicht und heiter machte.

Wie kein anderer Kirchenbau entspricht die frühgotische Kathedrale dem Verlangen, die Erde in den Himmel zu tragen. Portale und Spitzbogen, Bündelpfeiler und Fensterlanzetten weisen nach oben.
Und dennoch haben die Baumeister und Künstler das geistliche Streben an ein Maß gebunden, das breit und fest auf der Erde gegründet ist. Das Menschliche, seine Spanne zwischen Geburt und Tod, sein ganzer Reigen zwischen Lust und Schmerz, ist anwesend in der Bilderschrift aus Stein und Glas. Es sammelt sich in unzähligen Anekdoten.
Viele Skulpturen, nicht nur die liebliche Stadtpatronin St. Modeste, tragen die Gesichter jener Menschen, die den Bildhauern in den Gassen der Stadt begegneten und deren Nachkommen heute über den Domplatz gehen. In den Fenstern sehen wir neben biblischen Motiven die Stifter bei der Ausübung ihrer weltlichen Gewerbe. Die Gesichter der Schuster, die das Samariterfenster stifteten, sind nicht weniger real als der geschundene, erbärmlich nackte Reisende und der helfende Samariter. In einem anderen Fenster wird die werktägliche Hantierung beim Bau der Kathedrale überliefert: Männer schleppen Steine, fertig behauene Quader, tragen Hölzer auf ihren Schultern. Karren rollen heran, bringen Wein und Feldfrüchte für die Bauhütte. Die Weinhändler zeigen in der Mitte ihres Fensters, wie einer der Ihren im Gewölbekeller den Wein zapft, der im oberen Fensterteil Christus gereicht wird.
Was alles ließe sich über die einzelnen Berufsstände sagen, die jeweils ihr Fenster stifteten: die Tuchmacher, Weber, Kürschner, Lohgerber, Maurer, Zimmerleute, Stellmacher, Waffenschmiede, Bilderhändler, Geldwechsler, Bäcker, Metzger, Gewürzhändler und Nahrungsmittelverkäufer. Sie

machen uns nicht nur vertraut mit dem »sozialen Unterbau«, der die Kathedralwelt trug. Sie gehören unmittelbar in diese Welt, die ohne das Verflochtensein mit der zeitgenössischen gesellschaftlichen Wirklichkeit undenkbar wäre, ja die sich erst durch die konkrete Einbeziehung des Menschlichen in die Ausdruckwelt der frühen Gotik vollendet.

Was immer die Künstler in ihren steinernen und gläsernen Bildern schufen, bleibt niemals auf einen abstrakten Minimalismus reduziert. Ihr erfinderischer Erzähleifer war in der Ausgestaltung von Legenden und entlegenen Geschichten unerschöpflich. Mit Vorliebe erzählen sie in ganzen Bilderzyklen, und nicht nur jene Geschichten, die den Betrachtern aus der Bibel vertraut waren. Man beachte nur, wie anschaulich in den unteren Fenstern der Nordseite die bewegten Lebensgeschichten des heiligen Eustachius oder des heiligen Lubinus, der als einfacher Hirte auf den Bischofsstuhl von Chartres gelangte, erzählt werden.

Ganz anders, in einer geradezu heraldischen Farbensymphonie, wird in einer großen Chorlanzette die Geschichte Karls des Großen und seines Paladins Roland erzählt, eine im dreizehnten Jahrhundert vielbestaunte Legende. Carolus Magnus, der mit seinen Rittern nach Spanien reitet, der unter maurischen Bögen seine Triumphe feiert oder vor Pamplona kniend den Sieg erfleht. Auf dem Rückzug, auf der Paßhöhe von Ronceval erschlägt der tapfere Roland vergebens den Riesen Ferregut. Sterbend, seines Helms beraubt, bläst Roland in sein Horn. Selbst in solchen geschichtlich-legendären Szenen ist jener menschliche Anteil mitgegeben, der Leben in die Theologie der Kathedrale bringt. Dieses Teilhaben und Sich-Darstellen der menschlichen Realität bewegt mich mehr als die schöne Kunstgestalt biblischer oder geschichtlicher Motive. Möglicherweise darum, weil die Erbauer und Künstler nicht nur Interpreten waren, sondern

bessere und wissendere Theologen. Manche Schultheologen hätten von ihnen lernen können.
»Die Kathedrale ist die Synthese des Landes.« Doch diese Synthese umfaßt und bedeutet mehr: die Vielfalt des werktäglichen und gesellschaftlichen Lebens, das Auf und Ab der menschlichen Regungen und die übergreifende, weiterwirkende Geschichte, die sich in der Welt von Chartres als Heilsgeschichte erfüllt.

Der Gottesdienst

Man kann in der Kathedrale auf dem Hügel von Chartres den »Reichtum an Gedanken« (Emile Mâle) bewundern. Man kann die originale und wahrhaft weltbewegende Leistung der frühen Gotik hervorheben, die sich in Chartres zum erstenmal und in Vollendung entfaltet. Auch wenn wir annehmen, daß abendländische Kreuzfahrer die byzantinischen Mosaiken gesehen hatten und unter solchen Einflüssen die Idee der farbigen Glasbilder geboren wurde, bleibt allein schon der Glasmalerei ihre einzigartige schöpferische Leistung. Und wie vollendet gelingt, über das Detail hinaus, die kompositorische Fügung im Gesamtkunstwerk der Kathedrale, die geglückte und beglückende Zusammenkunft von Architektur, Bildhauerkunst, Glasmalerei und handwerklichem Dienst.
Es fällt heute nicht schwer, das Kunstwerk der Kathedrale im Detail und Zusammenhang zu bewundern oder auch den »Reichtum an Gedanken« aufzuschlüsseln. Aber es bleibt damit unbeantwortet, was die Schöpfer der Kathedrale antrieb, was den am Bau Mitwirkenden das aus ihrem Werk ersichtliche Einverständnis gab. Nicht das Zeugnis der Kunst, sondern das Zeugnis der vielstimmigen *Gloria Dei* war das Ziel der Baumeister, Künstler und Handwerker. Weil aber die

Verherrlichung Gottes für sie nur in der höchsten Entfaltung ihres menschlichen Vermögens erdenklich war, mußte der Lobpreis notwendig Kunst werden.
Vielleicht kommt das apokalyptische Bild vom »Neuen Jerusalem«, das im Offizium jeder Kirchweihe zitiert wird, dem Wollen der Kathedralbauer am nächsten. Das Neue Jerusalem, die von Johannes erschaute himmlische Stadt, »funkelte wie ein Edelstein«. Ihre Mauer war aus Jaspis erbaut und mit Edelsteinen geziert. Die heilige Stadt bedarf weder des Sonnen- noch des Mondlichtes, denn »die Herrlichkeit Gottes erhellt sie«. Aus dieser Vorstellung entstand der »gläserne Himmel« von Chartres, der das Tageslicht in glühende Farben verwandelt. Das Bauen am Neuen Jerusalem der Kathedrale war darum nicht weniger Menschenwerk und dem Leben mit allen Höhen und Tiefen verbunden. Aus lebendigen Steinen, *vivis ex lapidus*, werde das Neue Jerusalem erbaut, heißt es in einem alten Lied zur Weihe einer Kathedrale.
»Ecclesia Carnotensis inter celebres ecclesias regni Francie pulchrior habetur officio, et fortior edificio.« Unter den herrlichen Kirchen Frankreichs gilt Chartres als diejenige des feierlichsten Gottesdienstes und der mächtigsten Architektur. So lautet die in schlechtem Latein abgefaßte Notiz eines mittelalterlichen Klerikers aus Chartres.
Die Architektur und die römische Liturgie blieben vom Wandel der Jahrhunderte nahezu unberührt. Der Ritus eines Pontifikalamtes, die in rotgegürteten Alben einziehenden Chorknaben, die mit ihren hellen Stimmen den Gregorianischen Choral nach dem Beispiel von Solesmes singen, das alles blieb erhalten wie in den Tagen des Kathedralbaus. Die Vesperpsalmen, die wir hörten, von Dominikanern im weißen Wollhabit gesungen, wurden von den Klerikern des zwölften Jahrhunderts nicht anders angestimmt. Solche

offizialen Ordnungen entsprechen dem Versuch, dem Veränderlichen des Lebens einen Halt zu geben. Im religiösen Dienst, dem *Officium Dei,* ein begründeter und verständlicher Versuch.

Aber die Entfremdung wächst. Wir wissen heute, daß solche Ordnungen, wollen sie nicht museal erstarren, vom Menschen und seiner veränderlichen Wirklichkeit getragen werden müssen. Nichts anderes lehrt die Kathedralwelt. Sie ist nach dem Willen der Baumeister, Künstler und Handwerker universaler Gottes- und Menschendienst, was, recht verstanden, zusammengehört.

Ravenna – dolce morta

Ungut ist es, während der Saison nach Ravenna zu fahren. Der Jahrtausendschlaf der Pineta ist gestört, und die »süße tote Stadt«, Byrons *dolce morta,* trägt den Touristen zuliebe ein aufgeputztes Allerweltsgesicht. Die schweren Wagen der Romagna, die gemächlich daherkommen, gezogen von weißen Ochsen mit leierförmigen Hörnern, bleiben vor den Toren. Nur der kräftige Geruch der Äcker dringt herein. Wenn man von Süden kommt, hat man den üblen Geruch des Hanfröstens in der Nase. Manchmal wittert man Sumpfland, obwohl der weite Sumpf, der Ravenna vor fünfzehnhundert Jahren zur uneinnehmbaren Festung machte, längst ausgetrocknet ist und nur noch im vorgelagerten Flachland das Schachbrett der Entwässerungsgräben und ein paar Moorbäder, wenige Tümpel, zurückblieben.

Wenn im Herbst die Felder abgeernet sind und der Wein gekeltert wird, wenn die Sonnenstunden auf der Piazza del Popolo gezählt sind und die Fremden abreisen, besinnt sich die Stadt auf sich selbst und zeigt ihr wahres Gesicht. Man sagt, im Gesicht eines Schlafenden enthülle sich sein Wesen. Das wahre Gesicht Ravennas ist das Gesicht einer Schlafenden, *dolce morta.* Gewiß, wie in jeder italienischen Stadt stehen mittags die Männer auf der Piazza herum, und die enge Geschäftsstraße, die zur Zona Dantesca führt, hat zahlreiche Schaufenster. Aber selbst hierher dringt die Stille, die zu manchen Stunden von Öde und Traurigkeit durchsetzt ist und den Randbezirken der Stadt etwas Starres und Unfrohes gibt. Es ist keine moderne Tristesse, sondern die Stille einer Stadt, die in das Ausgedinge der Geschichte geriet. Die Paläste der Kaiser und Exarchen sind zerfallen, die alten Kirchen und Taufkapellen um einiges in den Boden eingesunken.

Unter der Kruste glühen Macht und Reichtum der großen Stunde Ravennas, von der sich ein Schimmer mitteilt, wenn man in die Kirchen eintritt, deren Backsteinmauern von anderthalbtausend Jahren ausgetrocknet sind. Ravenna ist »gegenwärtig wie der nie verblichene Tag einer alten großen Erzählung« (Konrad Weiß). Doch kein Zauber kann die lebendige Gegenwart anders wiederherstellen als eben in der Erzählung.

Selbst die Natur hat sich zurückgezogen. Der natürliche Schutzwall des Sumpfes und die Lage Ravennas am Meer bestimmten zwei Jahrhunderte lang einen politischen Aufstieg ohnegleichen. Der Sumpf trocknete aus, das Meer ließ die Stadt kilometerweit zurück, der Hafen versandete. Wenn heute ein Steinwurf weit hinter dem Bahnhof Fischkutter und größere Frachter am Kai liegen, so nahmen sie den Weg durch den zehn Kilometer langen Kanal, der an Pinienwäldern vorbei zum Meer führt.

Man sucht Gründe für die Weltverlassenheit. Denn auch die lange, schnurgerade Via Emilia, die Apennin und Po-Ebene scheidet und die großen Städte Piacenza, Parma, Modena, Bologna verbindet, läßt Ravenna abseits liegen. Sie mündet in Rimini, wo sie auf die gedrungene Brücke des Tiberius stößt, deren verwitterte Steinbögen zweitausend Jahre dem Wasser und dem Verkehr standhielten.

Waren die vitalen Kräfte der Stadt in zwei Jahrhunderten verbraucht, daß nur noch ein langes Ausruhen, ein langer

Schlaf folgen konnte? Welche Zusammenkunft in der kleinen Hafenstadt, nachdem Kaiser Honorius im Jahre 403 die Metropole des weströmischen Reiches nach Ravenna verlegte. Noch einmal lebt in Ravenna das alte Rom auf. Aber schon drängt die Völkerwanderung gegen das Imperium. Auf ravennatischem Boden setzt der germanische Söldnerführer Odoaker den Knaben Romulus Augustulus ab und löscht die stolze Reihe der weströmischen Kaiser aus. Der Ostgote Theoderich, der Dietrich von Bern der Sage, belagert Ravenna drei Jahre und errichtet dort schließlich die mächtige Bastion der Ostgoten. Theoderich, der Odoaker bei einem Gastmahl umbringen ließ, war als Herrscher gerecht und milde und brachte Wohlstand. Doch mit seinem Tod zerfällt das Reich. Noch nicht dreißig Jahre später vernichtet das Heer Ostroms den kläglichen Rest der Ostgoten unter Teja. Der oströmische Feldherr zieht als Exarch in Ravenna ein. Die Stadt wird Exklave von Byzanz.

Das alte Rom, die germanischen Goten und der Orient stoßen aufeinander, bekämpfen, ergänzen, verraten oder fördern einander. Nirgendwo sonst treffen in so räumlicher und zeitlicher Nähe Antike, Byzanz und Germanentum, beginnendes Mittelalter zusammen. Von dieser Zusammenkunft erzählen die Kunstwerke. Sie wiederholen das Einmalige der geschichtlichen Verflechtung in ihrer Sprache, die ihresgleichen nicht hat, weder in Rom noch in Saloniki, noch in Konstantinopel, und die in den leuchtenden Mosaiken an die Wände und in die Gewölbe der Kirchen, Taufkapellen und Grabstätten von Ravenna geschrieben ist.

Wo wird das Paradoxe und Vergängliche der Menschengeschichte deutlicher als in Ravenna? Die Zeugnisse seiner Kunst überdauerten Aufstiege und Untergänge, Herrscherglanz und Verfall, Macht, Größe, Feindschaft und feigen Verrat. Welch ein vergänglicher Prozeß, wenn man bedenkt,

daß es der gleiche Christus ist, der im Apsismosaik von San Vitale (unter byzantinischer Herrschaft gebaut) jung und gebieterisch auf der Weltkugel sitzt – der gleiche, der im Mosaik über dem Eingang von Galla Placidias Grabmal (noch unter weströmischer Herrschaft gebaut) auf dem Felsen sitzt – und der gleiche, dessen Leben und Leiden auf den herrlichen Mosaiktafeln von Sant'Apollinare Nuovo (aus der Zeit Theoderichs) dargestellt wurde.
Warum nicht das vergängliche Auf und Ab der Geschichte lassen und einfach den Augen trauen, dem Augenschein, einfach sagen: dies war schön, das hat mich ergriffen und in Bann geschlagen? Viele Bilder wirken in der Erinnerung nach, haben sich eingegraben in eine Gestimmtheit, die ebensosehr von umfassender Beglückung wie von atemloser Stille und immer auch von Abschied erfüllt war.
Am liebsten ist mir der kleine, kreuzförmige Bau, außen nahezu dürftig, aus kleinen, dicken Backsteinen gefügt, innen erfüllt von der gedämpften Glut der rundum gesetzten Mosaiken: das Mausoleum der Galla Placidia, der Schwester des Kaisers Honorius. Das Außenlicht fließt durch dünngeschliffene Alabasterplatten in den Grabraum und taucht ihn in Dämmerung. Die schönen Gold-, Blau- und Grünfarben wirken um einiges dunkler. Soll Harmonie nach der Irritation der Geschichte das letzte Wort haben? Nach der Verschleppung durch den Goten Alarich, nach der erzwungenen Vermählung mit Athaulf, nach Schrecken und Flucht, nach der glücklichen Vermählung mit dem Römer Konstantius und der Regentschaft für ihren Sohn fand Galla Placidia hier ihren Platz.
Der Grabraum ist das älteste Bauwerk Ravennas. Die verhaltene, strenge Bildersprache seiner Mosaiken ist römischen Ursprungs. Aber nur wenige Schritte entfernt, in dem achteckigen Bau von San Vitale, entfaltet ein Jahrhundert

später Byzanz seinen ganzen Reichtum an Formen und Farben. Die architektonischen Elemente, die marmorgeäderten und alabasternen Säulen stimmen in die Farbensymphonie mit ein. Einzigartig sind die Mosaikfelder mit dem byzantinischen Kaiserpaar: die prunkvoll gekleidete Theodora mit ihren Hofdamen; Justinian, der eine goldene Schale hält, mit seinen Männern und Ratgebern. Neben dem Kaiser steht Erzbischof Maximian, herausragend durch die individuelle Prägung seines asketischen Kopfes und den Rhythmus seiner Haltung.

Man begreift die Größe und den Anspruch jener Zeit, wenn man vor der noch erhaltenen Kathedra Maximians steht. Sie ist ganz aus Elfenbein gefertigt. In winzigen Tafeln reiht sich Erzählung an Erzählung. Welch eine Zeit. 547 weihte Bischof Maximian die byzantinische Hofkirche San Vitale und nur zwei Jahre danach – vor den Toren der Stadt – Sant'Apollinare in Classe, deren basilikaler Innenraum zu den schönsten Zeugnissen der jungen Christenheit gehört. Wenige Jahre später entstehen in der anderen dem heiligen Apollinaris geweihten Kirche, Sant'Apollinare Nuovo, die Prozessionen der weißgekleideten Märtyrer und der prächtig geputzten Jungfrauen mit den gabenbringenden Drei Königen. Große, lichtvolle und wie nach einer Musik rhythmisierte Mosaikflächen an den Innenwänden beiderseits des Längsschiffs. Es sind die größten aus dem Altertum erhaltenen Mosaikarbeiten. Sie wurden in der zweiten Hälfte des sechsten Jahrhunderts eingesetzt, nachdem die ursprünglich arianische Kirche dem katholischen Gottesdienst geweiht wurde.

Die alte arianische Kirche hatte der Ostgote Theoderich neben seinem Palast errichten lassen. Die Mauerreste der Residenz stehen noch. Viele Zeugnisse in Ravenna sprechen von Theoderich, der gläubiger Arianer und Beschützer der römischen Christen war. Das eindrucksvollste Denkmal des

Ostgoten, dessen Geschichte begann, als die Römerin Galla Placidia schon in ihrer Grabkammer ruhte, ist wiederum eine Grabstätte. Er ließ sie vor den Mauern, im offenen Land bauen. Ein germanisches Steinwerk, rund und kantig, von gedrungener Wucht, das merkwürdig fremd unter dem heiteren Himmel in der Nähe des südlichen Meeres steht. Man könnte viel erzählen, vielleicht von dem mörtellosen Steingefüge sprechen, vielleicht von der monumentalen Kuppel, deren Durchmesser zehn Meter und deren Gewicht sechstausend Zentner beträgt. Ein einziger gewaltiger Steinblock, der aus Istrien herbeigeschafft, behauen und ausgehöhlt wurde. Es gibt kein zwingenderes Dokument der einsamen Macht des Goten als diese Grabkammer. In ihr spiegelt sich die geballte, ausweglose Tragik der Germanen unter fremdem Himmel. Eine *fremde Größe,* die sich noch heute dem Betrachter verschließt.

Wenn man auf der anderen Seite der Stadt die Tore verläßt und zur Basilika Sant'Apollinare in Classe hinausfährt, sieht man zur Seite Äcker und Rübenfelder. Die Kirche steht verlassen dort, seitdem sich das Meer auch von Classe zurückgezogen hat und den römischen Kriegshafen versanden ließ. Doch hier ist die tragische Einsamkeit des germanischen Grabmals aufgehoben. Hinter den Feldern, auf dem vom Meer verlassenen Boden längs der Küste, kilometerweit nach Süden und Norden, wächst die berühmte Pineta. Die Dichter haben den tausendjährigen Pinienwald geliebt, Boccaccio, Byron und vor allen Dante: *La divina foresta spessa e viva.* Der göttliche Hain, so dicht und lebendig.

Der Geist des alten Ravenna, der in den bildhaften Ordnungen seiner Mosaiken sichtbar ist, findet achthundert Jahre später in der Dichtung Dantes eine Fortführung und ebenbürtige Ergänzung. Als Verbannter fand Dante hier am Hof der Polenta seine Zuflucht. Die Tochter des Guido da Polenta ist Francesca da Rimini, deren verzehrendes Liebesschicksal mit Paolo Malatesta der Dichter überliefert hat. »Liebe, die den Geliebten zwingt zu lieben,/ ließ mich an seiner Schönheit so entzünden,/ daß sie, wie du ersiehst, mir noch geblieben./ Liebe ließ uns das gleiche Sterben finden:/ Caina harret des, der uns erstach.«

In Ravenna schrieb Dante am dritten Teil seiner Divina Commedia. Wenn der Dichter in den letzten Gesängen des Paradiso so häufig Licht und Farbe zusammenbringt, wenn er vergleichsweise an das Bild der »von Gold umfaßten Rubine erinnert (»Quasi rubin che oro circoscrive«), so möchte man annehmen, daß er die leuchtenden Mosaiken Ravennas vor Augen hatte.

Je nach dem Einfallen des Lichts spiegeln die Mosaikfelder einen Farbenglanz und Lichtzauber, der den Raum verklärt. In San Vitale und Sant'Apollinare Nuovo, im Mausoleum der Galla Placidia und den Baptisterien gewinnen die Mosaiken eine solche Macht über den Raum, daß die Architektur fast ins Ungreifbare, Unwirkliche zurückgedrängt wird. Das Spiel der Helligkeiten, die Färbungen, der Linienzug, aber auch die einzelnen frontal gerichteten Gestalten, Gesichter und Gewänder, die Gesten sammeln sich in dem einen gleichmäßigen Rhythmus, den ein ravennatischer Kunstkenner »psalmodierend« nannte. Die Flächen scheinen zu atmen, zu leben, denn die zahllosen kleinen, verschieden geschnittenen und verschieden geneigten Steine spiegeln das aufgenommene Licht so variabel, daß der Betrachter mit jedem veränderten Standort ein verändertes Bild wahrzunehmen glaubt.

Wenn im Herbst das Meer stürmischer gegen den menschenleeren Strand mit den nahen Pinienwäldern anrennt, scheint es, als wolle die Natur das von ihr verlassene Land zurückgewinnen. Aber das Meer kehrt nicht zurück. Und auch die weltumstürzende Zusammenkunft der Geschichte ist unwiederholbar. In den Straßen Ravennas spürt man die Verlassenheit und Stille. Man wird angerührt vom leisen Atem des großen Schlafs, der die *dolce morta* überfiel. Unter diesem Schlaf leben die Zeugnisse der Kunst und verleihen der Stadt eine neue Gegenwart. Jeder Stein ist ein Wort. In der Bildsprache der Mosaiken wird die große Stunde Ravennas so unwiderruflich dem Gedächtnis der Zeiten überliefert, daß die Stadt die Glückliche genannt wird, felix Ravenna.

In der Lagune

Wie um den Glanz des Juwels Venedig noch kostbarer aufschillern zu lassen, verharrt die Lagune ringsum in Farblosigkeit und Schweigen. Sie ist nicht Meer und nicht Land, sondern ein riesiger verschlammter Weiher, eine graugrüne feuchte Fläche, durchsetzt von Inseln und Inselchen, von Sandbänken und halbüberschwemmten Feldern. Aus der Vogelperspektive gesehen, bildet sie einen Halbmond mit einem unregelmäßig durchbrochenen Außenbogen und einem schön gekrümmten Innenbogen, den die schmalen Landbarrieren der Lidi zur Adria hin abgrenzen. Die größte Tiefe zwischen den Lidi und dem Festland beträgt elf Kilometer, während die äußerste Entfernung zwischen den Spitzen sechsundfünfzig Kilometer ausmacht. An der oberen Spitze liegt Iesolo, an der unteren Chioggia.

Eine Fahrt in die Lagune kann zu einem Erlebnis werden, das weiter von Venedig fortführt als nach Kilometern meßbar. Manche Partien bei den Laguneninseln erinnern an den Niederrhein, einen Niederrhein ohne Biederkeit, ins Weite gedehnt, von einer süßen und doch strengen Melancholie befallen. Dann wieder und stärker drängt sich der Eindruck einer exotischen, fernöstlichen Verzauberung auf. Solche Wasserlandschaften malten die Chinesen mit dem Tuschpinsel. Für mich ist die Lagune eine Zwischenwelt, von einer tonlosen Melodie durchzogen, eine merkwürdige Mischung von etwas Abgestorbenem und schweigend Erwartungsvollem. Von den vielen Bildern, die sich einprägen, haftet dieses am stärksten. Ich sah einmal an einem nebligen Morgen, an dem wir nur mühsam die Markierungspfähle der Fahrtrinne erkennen konnten, einen schweren Kahn mit einem großlappigen, schmutziggelben Segel am Mast geräuschlos näher kommen. Ein Piratenschiff aus vergangenen Zeiten, so schien es, vollgestopft mit dunkelbärtigen, robusten Männern. Aber der Steuermann, der aufrecht und vierschrötig am Heck stand, war in eine vom Fahrtwind gebauschte Kutte gehüllt. Es waren Mönche, die vom Fischfang heimfuhren zu ihrem Inselkloster.

In den seewärtigen Teil der Lagune dringen mit der Strömung die Adriafische. Doch die Hauptbeute der Lagunenfischer bilden alle Arten von Krebsen, Weichtieren und Sardinen. In der Mischung von Salzwasser und Süßwasser gedeiht eine üppige Vielfalt von Meerestieren und Organismen. Man sieht es daran, wie schnell die Wasserflächen der Boote von winzigen Algen, Napfschnecken und Moosbärten besetzt sind. Im stagnierenden Wasser der *laguna morta* und im sumpfigen Gelände der Inseln sammeln sich Scharen von Enten, Wasservögeln und Sumpfkreaturen. Auf den nassen Feldern wächst ein strähniges, widerspenstiges Gras. Nicht nur Fischer, auch Entenjäger – zu ihnen gehörte Hemingway, der oft nach Torcello kam – finden reiche Beute.

Jedoch dem Leben in der Lagune, vor allem der Wasserflora und den Fischen, droht ein langsames Sterben, solange die Abwässer der großen Industrie ungefiltert in die Lagune fließen, solange Tankschiffe und Motorboote mit ihrem Öl das Wasser verseuchen.

Die Lagune ist nicht lieblich und nicht romantisch, was immer man darunter versteht. Aber sie fasziniert und zieht in ihren Bann, wer sich mit ihr einläßt. Ihre Poesie ist eine Poesie

des Schweigens, der Trostlosigkeit und Todesnähe. Erbarmungslos breitet die Lagune ihr Leichentuch über Inseln mit einst blühenden Gemeinden und Städten. Andere Inseln tauchen nur noch zeitweise auf, wieder andere sind vom Verfall gezeichnet und bröckeln stetig ab. Man sieht Landstücke mit verödeten Mauerresten und geborstenen Kirchtürmen, solche mit einem verrotteten Betonbunker oder einer einzigen einsamen Jagdhütte. Auf einem winzigen Eiland bewacht ein Militärposten sinnlos ein ehemaliges Munitionsgebäude, auf einem anderen lebt eine einzige Fischerfamilie neben den Ruinen eines niedergebrannten Klosters.
Von den früher zahlreichen Inselklöstern existieren noch zwei, San Francesco del Deserto und San Lazzaro degli Armeni. Es gibt Tage, an denen man begreift, warum die Mönche die Einöde der Lagune für ihre Klostergründungen bevorzugten. Die Lagune war ihnen, was den ersten Eremiten die Wüste war. Der Name der Franziskaner-Insel *del deserto* sagt es. Aber sie haben das Eremitenwesen bereichert um das franziskanische Beglücktsein und Zufriedensein. Die Lagune gewährte ihnen jene mönchische Erfüllung, die sie in der »beata solitudo« und der »sola beatitudo« suchten.
Südlich von Venedig, auf Malamocco zu, liegt eine Gruppe kleiner ehemaliger Klosterinseln. Im Mittelalter rasteten in ihren Hospizen Pilger und warteten auf das Schiff, das sie zum Heiligen Land bringen sollte. Heute heißen sie Isole del Dolore, weil sie in ihrer Abgeschiedenheit nicht mehr das Glück, sondern den Schmerz beherbergen: *La Grazia,* heute eine bedrückende Quarantänestation für schwere Infektionskrankheiten; *San Clemente* und *San Servolo,* heute verschlossen und stumm trauernde Nervenheilstätten. Zu ihnen gehört die etwas freundlichere künstliche Insel *Sacca Sessola,* die in ihrem Sanatorium Tuberkulosekranke aufnimmt. Näher zu Malamocco liegt *Poveglia* mit niedrigen Häusern und einem

schlank hochragenden Campanile, die Insel der Alten, die hier ihren Lebensabend verbringen.
Auf den Schlammbänken zwischen diesen Inseln sind die einzigen Erobererschiffe, die in der tausendjährigen Geschichte der Republik jemals in die Lagune eindrangen, die Schiffe des Karolingers Pippin, jämmerlich gestrandet und die fränkischen Krieger von den Seevenetern überwältigt worden. Es heißt, als sich die Seeveneter vor der bedrohlichen Übermacht der Franken von Malamocco nach Rivoalto zurückzogen, sei eine alte Frau in Malamocco geblieben. Nach ihren Landsleuten befragt, habe sie mit ihrem Arm in die tückische Lagune gewiesen und mit den Worten »sempre diritto« die Franken in den sicheren Tod geschickt.
Die Geschichte der Lagune, zumal wenn sie von der Legende überformt wurde, hat vielfach den Beigeschmack des Unheimlichen oder gar Makabren. Vielleicht zogen die Venezianer damit instinktiv einen Schrecken einflößenden Schutzwall um ihre verwundbare Stadt.
Der Canale Orfano, der breite Schiffskanal, der die Lagune hinter San Giorgio Maggiore nach Süden durchfurcht, verdankt seinen Namen – Waisenkanal – einem mörderischen Kampf, den die Sippen der Seeveneter am Anfang ihrer Geschichte untereinander austrugen. Die Chronisten berichten, der Kanal sei »rot von Blut« dahingeflossen. Im selben Kanal, noch in Sichtweite von San Giorgio Maggiore, wurden bis zum beginnenden achtzehnten Jahrhundert die Ertränkungsurteile der Signoria vollstreckt. Zur Nacht und bei strengster Geheimhaltung fuhr die Todesbarke mit dem Verurteilten von den Prigioni zum Waisenkanal. Das Fischen war in diesen düsteren Gewässern unter Androhung der Todesstrafe verboten.
Die makaberste Geschichte erklärt den Namen der Insel *Cason dei Sette Morti* in der südwestlichen Lagune. Die Insel

taucht heute nur noch manchmal aus dem Wasser auf und zeigt die Mauerreste eines Hauses. Früher benutzten die Fischer das Haus als Standquartier. Als einmal, so sagt die Legende, sechs Fischer vom nächtlichen Fischfang zurückkehrten, brachten sie einen aus dem Wasser gezogenen Toten mit, den sie ins Vorderschiff setzten. Ein Junge, der den Fischern das Frühstück bereitet hatte und den Fremden im Boot sah, fragte die Fischer, ob sie ihren Gast nicht zum Mitessen einladen wollten. Die Fischer schickten den Jungen, den Mann zu holen; er möge nur kräftig rütteln, der Mann schlafe. Der Junge kehrte von seinem Auftrag fröhlich zurück, den nun entsetzt starrenden Fischern meldend, der Fremde werde gleich kommen. Bald darauf trat der Tote ins Haus, setzte sich schwerfällig an den Tisch, während die Fischer vor Schrecken tot umsanken. Der Junge, der sich von sieben Toten umgeben sah, ruderte angstgejagt davon und erzählte das Vorgefallene. Seitdem heißt die Insel »Haus der sieben Toten«.

Die Venezianer haben gelernt, mit solchen Legenden und Begebenheiten zu leben. Mochte die Lagune die Feinde abschrecken oder in ihren Sümpfen umkommen lassen wie die Franken im Jahre 809. Mochten jäh auftretende Stürme die Flutwellen in die Lagune peitschen oder die gefährlichen Nordostwinde, die schwere, kalte Bora, an den Steinwällen der Lidi rütteln und über die Sandbänke fegen. Den Venezianern war die Lagune immer Schutzwall, Zuflucht und sichere Durchfahrt.

Solange die Republik bestand, feierten die Venezianer alljährlich am Himmelfahrtstag mit großem Aufwand das Fest der Vermählung mit dem Meere. Mit seiner Staatsgaleere, eskortiert von zahlreichen dekorierten Schiffen und Booten, fuhr der Doge durch die Lagune zum Porto di Lido, um dort seinen goldenen Ring in das Wasser zu werfen. Aber auch ohne offiziellen Anlaß war die Lagune oft genug der Tummelplatz von Festlichkeiten und Gondelregatten. Kein Anlaß schien zu gering, am Abend mit laternengeschmückten Booten und Gondeln hinauszufahren. Was der steinernen Stadt fehlte, eine Festwiese und ein Erholungspark, das bot die Lagune den Venezianern. Als einem Dogen die Absetzung bevorstand und seine Freunde klagten, schrieb er keineswegs resigniert: »Wir werden uns in einem Boot Belustigung verschaffen und zu den Klöstern hinüberrudern.«

Dem Meere vermählt

Venedig

Auf der kleinen, abgetretenen Wiese vor dem Dom von Torcello steht ein sesselartig ausgehauener Steinklotz, der Thron Attilas genannt. Dieser massive Steinsitz – ob Legende, ob Wirklichkeit – bewahrt die Erinnerung an den Hunnenkönig, der 452, ein Jahr vor seinem Tod, mit seinen Reiterscharen sengend und mordend bis an die Adriaküste vordrang, der die fliehenden Veneter in die Lagune trieb und so den Anstoß zur Gründung des Lagunenstaates gab. In der Lagune suchten die Veneter Schutz vor dem Ansturm der fremden Völker und ihrer Heere.

Aus den Flüchtlingen, die vordem die blühenden Städte Aquileia, Altinum, Concordia oder Padua bevölkerten, wurden Lagunenbewohner. In einem Jahrhundert festigte sich das Leben auf den Inseln. Am Anfang hatten die Veneter nichts als Fische und Salz. Aus Schilfrohr flochten sie die ersten Hütten. In friedlichen Zwischenzeiten holten sie vom Festland herüber, was sie brauchten, Steine, Holz, Geräte, jegliches Material. Sie paßten sich der neuen Lage an, lernten den Bau kleiner, flacher Boote, lernten die tückische Lagune zu durchfahren, lernten die Untiefen und den Wechsel der Strömungen zu meistern. Aus der Not geboren, schlossen sie sich zu neuen Gemeinwesen zusammen, gaben sie sich neue Gesetze und wurden so »eine neue Art von Geschöpf« (Goethe).

Das älteste Dokument über die Seeveneter stammt aus dem Jahre 538. Um diese Zeit bestanden bereits gewisse festgefügte Ordnungen, für deren Einhaltung gewählte Tribunen sorgten. Cassiodor, der Kanzler Theoderichs des Großen, schrieb aus Ravenna 538 den Tribunen Seevenetiens einen Brief. Der Kanzler bat sie um den Dienst, mit ihren Schiffen »gegen gleichen Anteil an der Besorgung« Wein und Öl aus Istrien zu holen. Cassiodor lobt ihr Gemeinwesen, ihre Lebensart, ihren Fleiß, spricht von Fischfang und Salzgewinnung als »Quelle Eurer Reichtümer«. »In dem Gebiet, um das der Streit von Land und Meer tobt, baut Ihr Eure Häuser gleich den Nestern von Wasservögeln. Ihr wißt durch künstliche Erdwerke Eure Wohnungen miteinander zu verbinden. Ihr häuft den Sand an, um daran die Wucht des Wassers zu brechen, und Euer Wall, scheinbar schwach, trotzt der Gewalt der Flut.«
Venedig, das heutige Venedig mit seiner Pracht und seinen Problemen, das geschichtliche Venedig mit seiner völlig singulären Verfassung und seiner bis zur Selbstvergötterung gesteigerten Egozentrik, läßt sich nur von seinen Anfängen her begreifen. Die Venezianer haben ihren historischen Anfang stets als ein Wunder verstanden, ein Wunder freilich, an dem ihre Klugheit und Gewitztheit einen nicht geringen Anteil hatten. Die Gründung in der Lagune erwies sich als ihr erster Triumph wider die Gesetze der Natur und der Vernunft.
Man bedenke, was es für die durchaus kultivierten, reichen Landveneter hieß, in einem Nichts, auf kleinen, öden, unfruchtbaren, sumpfigen Laguneninseln neu anzufangen. Sie fanden Land, das kein Land war, ohne Ackergrund, ohne Quellen, ohne Baumbestand, unfähig, stärkere Bauten oder gar Festungswerke zu tragen, Land ohne Zukunft, das keine territoriale Ausdehnung erlaubte, abhängig von der Willkür

des Meeres. Aber sie erkannten das einzig Richtige und ihrer Lage Angemessene. Wie sich ihnen das Land verweigerte, setzten sie ihre ganze Hoffnung auf das Meer. Die Lagune wurde ihnen Heimat und »heiliger Schutzwall«. Das Meer spendete die Grundlage ihres ersten Reichtums, und es ermöglichte den Aufstieg der Veneter zur weltbeherrschenden Seemacht und Handelsmacht. Sie machten das Meer zum Partner. Diese Partnerschaft erhöhten sie, stets bedacht, das Gegebene durch Zeremonie und Mythe zu festigen, zu ihrer einzigartigen »Vermählung mit dem Meere«, dem *sposalizio del mare.* Während der jährlich am Himmelfahrtstag wiederholten Weihehandlung zog der Doge den goldenen Ring vom Finger und warf ihn ins Meer: »Desponsamus te mare, in signum veri perpetuique dominii.« Wir vermählen uns dir, Meer, zum Zeichen der wahren und dauernden Herrschaft. – Zumindest in den ersten Jahrhunderten war diese Weihe nicht nur schöne Zeremonie, sondern ein magischer Akt, an dessen Wirksamkeit die Venezianer glaubten.

Einen zweiten scheinbaren Nachteil ihrer geographischen Lage wußten die Seeveneter in Nutzen umzukehren. Sie hatten die in jeder Hinsicht unbrauchbare, isolierte, abseits liegende Lagune gewählt, die schutzlos dahindämmerte, die aber ebensowenig von den Mächtigen beansprucht wurde. Es war Niemandsland, nach der damaligen Weltkonstellation zwischen Ost und West, zwischen Byzanz und Rom. Aus dieser ihrer eigentümlichen Lage haben die Seeveneter alles gemacht, politisch und wirtschaftlich; selbst ihre Kunstwerke und Bauten sind von dieser Mittelstellung geprägt. Aus Ost und West übernahmen die Venezianer Elemente ihrer Kunst, ihres Bauens oder holten sie, kauften, erbeuteten, raubten ihre Kunstschätze.

Den größten Gewinn, der schließlich den Aufstieg zur Weltmacht sicherte, zog der venezianische Handel aus der

Mittelstellung. Während der Völkerwanderung war der in Römerzeiten gut eingespielte Handelsaustausch zwischen Ost und West unterbrochen. Die Venezianer nutzten den Vorteil ihrer Lage und bauten systematisch den Ost-West-Handel aus. Aus den anfänglichen Vermittlungsdiensten zwischen Ravenna und Istrien erwuchs ein weltweiter Handel. Venedig wurde zum Markt zwischen Orient und Okzident.

Die isolierte und abseitige Lage erlaubte den Aufbau eines eigenen Staatswesens ohne nennenswerte Eingriffe von außen. Am Anfang stand eine Art patriarchalisch von Tribunen regierter Demokratie. Mehr aus Klugheit als aus politischem Zwang nahmen die Tribunen im 6. Jahrhundert das Angebot von Byzanz an und stellten sich unter die Oberhoheit des oströmischen Kaisers. Byzanz war ein mächtiger, geordneter Schutzstaat, ungestört von den Kriegswirren des Westens. Byzanz schloß den Seevenetern die Tore zum Osthandel auf. Was konnte es schaden, wenn die Seetribunen formell als byzantinische Beamte regierten, wenn selbst der erste von den zwölf Seetribunen gewählte Dux (Doge) im Jahre 697, Pauluccio Anafesto aus Heracleia, vom oströmischen Basileus bestätigt wurde? Die Seeveneter blieben, was ihre eigensten Interessen anging, frei und unabhängig, zumal auch der allzulange Schutzarm von Ostrom den Lagunenstädten weniger Schutz bot, als man erwartet hatte. Als Ostrom die Zügel straffen wollte, war der Lagunenstaat bereits erstarkt, so daß der Doge mit einem Anflug von hochmütiger Couragiertheit sagen konnte: »Dieses Venedig, das wir in der Lagune errichtet haben, ist unsere mächtige Behausung, und keine Kaiser- oder Fürstengewalt kann uns treffen.«

Ein beispielloser Anfang, ein beispielloser Aufstieg des Miniaturstaates in der Lagune. Über die Jahrhunderte triumphierte die Serenissima, stieg von der Großmacht zur

Weltmacht auf. Sie wurde Herrin der Adria und des östlichen Mittelmeeres, herrschte über Istrien, die dalmatinische Küste und Durazzo, über die griechischen Inseln und Morea (Peloponnes), über Korfu, Kreta, Euböa und Rhodos. Über diese Besitzungen hinaus erstreckte sich ein weitgespanntes Handelsnetz mit Niederlassungen in Kleinasien und im Fernen Osten, am Schwarzen Meer und am Persischen Golf. Ungeheure Schätze und Reichtümer flossen in die Metropole am Rialto. In den rialtinischen Magazinen stapelte sich das Handelsgut, Waren aus dem Orient und Okzident: Seidenstoffe, Goldbrokat und Baumwolle, Getreide und Gewürze, besonders der Pfeffer, Zucker und Duftstoffe, Perlen und Schmuckwerk. Den Transport besorgte eine Handelsflotte von dreitausenddreihundert Schiffen mit dreißigtausend Seeleuten. Ihren Schutz garantierte eine wohlgerüstete Kriegsflotte. Das Arsenal von Venedig, die leistungsstärkste Schiffswerft der Welt, beschäftigte allein sechstausend Facharbeiter, dazu Tausende von nichteingetragenen Hilfsarbeitern.
Im 15. Jahrhundert erreichte die Republik von San Marco die Höhe ihrer Macht und ihres Reichtums. Tommaso Mocenigo, der 64. Doge, konnte vor seinem Tode 1423 sagen: »Wir sind die Herrscher über das Gold der Christenheit.« Venedig verfügte über die höchsten Staatseinkünfte der Welt. Im venezianischen Handel waren zehn Millionen Dukaten investiert. Der Jahresgewinn wurde mit vier Millionen durch Ausfuhr, mit zwei Millionen durch Einfuhr veranschlagt. Das Jahreseinkommen eines Nobile, eines Edelmannes, betrug siebenhundert bis viertausend Dukaten (dreitausend reichten für einen Palastbau).
Die Venezianer bewunderten ihren Dogen Mocenigo, der jede kriegerische Auseinandersetzung mied und klug die wirtschaftliche Prosperität steuerte. Der umsichtige Mocenigo warnte vor seinem Nachfolger Francesco Foscari; der

»hochmütige und verschlagene« Foscari werde die Republik in Konflikte stürzen. In der Tat betrieb Foscari, der das längste Dogat innehatte und vierunddreißig Jahre regierte, eine ehrgeizige, kriegerische Festlandpolitik, zumal gegen Mailand. Es war die Zeit der Condottieri, der Söldnerführer, die ihre Kriegskunst und ihre Truppe an den Meistbietenden verkauften. Das reiche Venedig konnte die tüchtigsten Condottieri in den Dienst nehmen, einen Carmagnola, einen Gattamelata, einen Colleoni (dessen von Verrocchio geschaffenes herrisches Reiterdenkmal vor San Zanipolo steht).
Foscari gelang es sogar, der Stadtrepublik ihre größte territoriale Ausdehnung zu verschaffen. In der Mitte des 15. Jahrhunderts besaß Venedig neben den Inseln und Küstengebieten in der Adria und im Mittelmeer weite Teile des norditalienischen Festlandes: im Osten Friaul, nach Norden die Gebiete bis zum Alpenrand, nach Westen bis Mailand und Teile der Lombardei. Venezianisch waren die Städte Ravenna, Padua, Treviso, Belluno, Verona, Vicenza, Brescia und Bergamo.
Die Maritimisten warnten; das Glück halte an, solange die Serenissima ihrer eigenen Geschichte, und das hieß: ihrem »Vermählungs-Gelöbnis«, treu bleibe. Wie immer man geschichtliche Abläufe begründen mag, Tatsache ist, daß die Venezianer, als sie sich im 15. Jahrhundert vehement auf dem norditalienischen Festland engagierten, ihrer selbstgewählten maritimen Bestimmung untreu wurden – und ihr Glück verspielten. Machiavelli notierte 1513 in seinem Hauptwerk Il Principe mit nüchternen Worten: »Die Periode des Niedergangs begann, als die Venezianer versuchten, wie die anderen Völker Italiens einen Landkrieg zu führen.« Zur gleichen Zeit meldeten sich die ersten Anzeichen ihrer schwindenden Seeherrschaft. Das Meer löste sich aus der Umarmung, aus der »Vermählung«, die den Aufstieg, die Macht und den Reichtum Venedigs garantiert hatte.

Die Türken eroberten 1453 Konstantinopel und vernichteten endgültig das seit der venezianischen Eroberung geschwächte byzantinische Reich. Dem Ehrgeiz des Dogen Dandolo, der 1204 unter grauenhaften Umständen Konstantinopel okkupiert hatte, wurde eine späte, aber hohe Rechnung präsentiert. Fortan blockierten die Türken den venezianischen Handel mit Kleinasien, Persien, Indien, dem Fernen Osten. Sie überwachten die östlichen Seestraßen und Handelswege. Verzweifelt suchten die Venezianer ihre levantinischen Besitzungen und Inseln gegen die andrängenden Türken zu halten. Noch einmal sind sie vom Glück begünstigt. Die venezianische Patriziertochter Caterina Cornaro, durch Heirat Königin von Zypern geworden, kehrt nach Venedig zurück und vermacht 1489 Zypern der Serenissima. (Die wie keine andere Venezianerin geschätzte und gefeierte Caterina Cornaro erhält daraufhin die bezaubernde Landschaft Asolo und das gleichnamige Schloß, das sie zu einem vielbesuchten Musenhof machte.) Aber auch dies kann nicht den konsequenten Gang der Geschichte aufhalten.
Zwei weltbewegende Ereignisse zeigten an, daß die Gunst des Meeres von Venedig wich und den neuen Seestaaten galt. Der Genueser Kolumbus entdeckte für Spanien 1492 die neue Welt Amerika. Durch Vasco da Gama entdeckten die Portugiesen 1498 den Seeweg nach Ostindien. Die venezianischen Handelsmonopole, besonders das wichtige Pfeffermonopol, zerbrechen. Schon nach wenigen Jahren kauft kein Händler mehr Pfeffer und Gewürze am Rialto ein, sondern billiger in Lissabon.
Auf dem Festland besaß Venedig keine Freunde. Zu keiner Zeit besaß Venedig Freunde, um so mehr Neider und Hasser, die den machtgierigen Alleingang und skrupellosen Aufstieg des Löwen von San Marco argwöhnisch verfolgten. Als erste Schwächezeichen ruchbar wurden, schlossen sich die Groß-

mächte in der Liga von Cambrai 1508 zusammen, um »die unersättliche Habgier der Venezianer und ihren Durst nach Herrschaft« zu beenden. Dank der klugen Politik des Dogen Leonardo Loredan konnte Venedig am Anfang des 16. Jahrhunderts das Ärgste abwenden, ging aber geschwächt aus einem siebenjährigen Krieg mit der Liga hervor.

Selbst der großartige Seesieg über die türkische Flotte bei Lepanto 1571, ein letzter Triumph der venezianischen Galeeren, änderte die Lage nicht mehr. Die Venezianer konnten wohl den heldenhaften Verteidiger von Famagosto auf Zypern, Marcantonio Bragadin, den die Türken bei lebendigem Leibe schinden ließen, rächen. Aber Zypern blieb türkisch. Venedig mußte sich auf einen Verzichtfrieden einlassen. In der Folgezeit verlor Venedig eine Besitzung nach der anderen an die Türken. Ein allmählicher und stetiger Prozeß des Ausblutens führte bis zum Frieden von Passarowitz 1718, der Venedig auch der letzten levantinischen und griechischen Besitzungen – bis auf die Ionischen Inseln – beraubte. Bereits hier endete die machtpolitische Geschichte der Lagunenstadt. Die Republik zählte nicht mehr. Der Löwe von San Marco war hinfällig und müde geworden.

Die staatserhaltende Kraft war schon versiegt, als am 15. Mai 1797 die Truppen Napoleons widerstandslos Venedig besetzten. Wie die Venezianer 1204 Konstantinopel beraubt hatten, so ließ Napoleon, der »große Dieb«, die vier bronzenen Pferde von San Marco, erlesene Kunstschätze aus der Basilika und dem Dogenpalast, wertvolle Dokumente und Schriften nach Paris schaffen. Die entmachtete »Königin der Meere« wurde zum Spielball in den Händen der Mächtigen, wurde Österreich zugeschoben, dann dem neugegründeten französisch-italienischen Königreich, fiel schließlich nach dem Wiener Kongreß abermals an Österreich. Die Revolution von 1848 brachte die Befreiung von dem verhaßten Polizeiregime der Österreicher und wiederum die Besetzung durch Feldmarschall Radetzky. Im Jahre 1866 schloß sich Venedig dem italienischen Königreich an, von nun an eine Provinzstadt gleich vielen anderen, jedoch von unverwechselbarer Einzigartigkeit.

Dieses Einzigartige ist in seinem Wesen unpolitisch, aber es läßt sich nur begreifen aus dem Gang der grandiosen und abenteuerlichen politischen Entwicklung Venedigs und steht zu ihr in einem merkwürdigen Verhältnis.

Im gleichen Jahrhundert, als sich die Kurve der politischen Macht senkte, stieg die Entwicklung des geistigen und kulturellen Lebens steil an. Parallel zur beginnenden politischen Ohnmacht reifte die venezianische Kunst heran, setzte mit den Malerfamilien der Vivarini und Bellini im 15. Jahrhundert einen kraftvollen Auftakt, erreichte im 16. Jahrhundert mit den Malern Carpaccio, Giorgione, Tizian, Lotto, Tintoretto und Veronese eine glanzvolle Höhe. Zu ihren Werken gesellten sich die Kirchen und Palastbauten der Baumeister Lombardo, Sansovino, Palladio, Scamozzi und, im 17. Jahrhundert, Longhena. Schon 1522 galten Genua und Rom, nicht mehr Venedig, als die reichsten Städte Italiens. Dennoch erlaubte der angesammelte Reichtum den Venezianern, trotz ihres politischen Niedergangs, die prachtvollsten Renaissance- und Barockbauten zu errichten und bis ins 18. Jahrhundert ein Leben in Prunk und Luxus zu führen.

Im 18. Jahrhundert bahnte sich eine Wandlung an. Nun entbehrte auch die Kunst des großen Themas, der großen Form. Die Gemälde der Rosalba Carriera, der Longhi, Canaletto und Guardi, ihre Porträts, Veduten, Genrebilder versetzten das Alltägliche in eine heitere, flimmernde Schwingung. Auch der große Tiepolo malte mit bravouröser, gelegentlich spöttelnder Leichtigkeit. Es war die Zeit der Lustspieldichter Goldoni und Gozzi, die Zeit des frechen

Scharlatans Casanova. Aus der erhabenen Serenissima wurde die heitere. Sie hielt die Maske vor das Gesicht und ignorierte fleißig die Zeichen des Verfalls. Das ganze Jahr hindurch regierte *Sior Maschera*, herrschte Karneval. War die offizielle Zeit der Maskenfeste, die ohnedies vom Herbstanfang bis zum Aschermittwoch dauerte, vorüber, so begannen nicht weniger amüsante Sommerfeste in den Villen und Gärten des Brentatals. Venedig überließ sich dem Rausch frivoler Vergnügungen mit der gleichen Intensität, die einst seine wirtschaftliche und politische Herrschaft begründen half.

Das in den Jahrhunderten der Prosperität angesammelte Vermögen wurde gründlich verpraßt. Venedig verarmte. Man sagte: »Venedig hat ausgegeben, was Venedig verdiente.« Im 19. Jahrhundert zählten auf hundertzwanzigtausend Einwohner vierzigtausend Arme. Einer der fremden Besucher, Hippolyte Taine, notierte im Jahre 1864: »In diesem allgemeinen Elend haben allein die Fremden Geld, und man reißt sich um sie.«

Im 20. Jahrhundert hat auch *Sior Maschera* abgedankt. Die Fremden, die Touristen, beherrschen die Piazza von San Marco. Nun dreht sich das Karussell des Fremdenverkehrs. Das ist gewiß kein glückliches Finale, und man mag es bedauern und D'Annunzios Entrüstung teilen: »Wir sind kein Museum und wollen keines sein, kein Gasthaus . . ., kein preußischblauer Himmel für Hochzeitspaare.« Aber Venedig ist nun einmal ein bewundernswertes Kunstwerk, einzigartig in seiner geschichtlichen und kulturellen Gewordenheit, einzigartig in seiner städtebaulichen Anlage und der Ansammlung seiner Kunstschätze. Niemand, am allerwenigsten die Venezianer selbst, zweifelt daran, daß dieses der Natur abgerungene und durch Menschenhand vollendete Kunstwerk wert ist, bewundert zu werden und erhalten zu bleiben.

In dieser »délicieuse absurdité«, wie Voltaire Venedig nannte, wird immer ein Rest ungelöst bleiben, eine Seite ungeschrieben, nicht nur, weil die Schönheiten unerschöpflich sind, sondern weil das Gebilde Venedig ein Paradox ist, eine Stadt, wo nach Cocteaus Worten »die Tauben gehen und die Löwen fliegen«. Venedig lehrt uns, die Wirklichkeit als phantastisch und das Phantastische als wirklich hinzunehmen. Wir sahen, daß schon die Gründung in einem Gebiet, das nicht Wasser und nicht Land war, dem alle lebentragenden Voraussetzungen und jede Hoffnung auf Zukunft fehlten, eine Absurdität war. Der Historiker Antonio Sabellico hatte im 15. Jahrhundert gut reden, wenn er den venetischen Gründern die feierlichen Worte in den Mund legte: »Wenn wir einst Großes wagen, dann gib Gedeihen! Jetzt knien wir nur vor einem armen Altar, aber wenn unsere Gelübde nicht umsonst sind, so steigen dir, o Gott, hier einst hundert Tempel von Marmor und Gold empor!«

Das Irrationale und Widervernünftige, der Glaube an die Wirklichkeit einer mythisch-magischen Übereinkunft, der »Vermählung mit dem Meere«, beherrschte die Venezianer ebenso wie die nüchterne Ratio und die kaufmännische Kalkulation. Die politische Klugheit der Venezianer ist bekannt. Vernunft diktierte ihre Gesetze, denen sie sich selber bis zum Dogen erbarmungslos unterwarfen. Als Venedig groß geworden war, bot die Stadt nicht weniger das Beispiel einer absurden Konstellation. Man bedenke, die wehrloseste, verwundbarste Stadt, ein Miniaturstaat ohne territorialen Rückhalt, verschaffte sich Geltung als Weltmacht und verfügte über das Gold der Christenheit.

Als Ludovico Manin, der hundertzwanzigste und letzte Doge, unter dem Druck Napoleons 1797 abdankte, reichte er das Zeichen seiner Würde, den goldbestickten *corno*, die Dogenmütze, seinem Diener: »Nimm sie, wir werden sie nicht mehr brauchen.« Aber Manin sprach noch ein anderes

Wort, dessen prophetische Mahnung heute in ihrem ganzen Gewicht erkannt wird: »Verwendet alle eure Sorge auf das Wasser, nicht auf das Land.« Diese beschwörende Einsicht durchzieht die gesamte venezianische Geschichte; sie bestimmte den Aufstieg oder – sofern sie ignoriert wurde – den Niedergang der Lagunenstadt.

Venedig, die Serenissima, hat ihren politischen Tod überlebt, das ist wahr. Auch wenn die Stadt seit dem Ende der Republik in den Augen ihrer Besucher zu einem einzigartigen Freilichtmuseum geworden ist, ihre Substanz blieb lebendig. Doch heute droht ihr der physische Tod. Lagune und Meer, die den unvergleichlichen Aufstieg garantiert hatten, drohen Venedig in tödlicher Umarmung zurückzunehmen.

Heute weiß man, daß die Gründe nicht allein naturgegeben sind, abhängig vom Ansteigen des Meeresspiegels und Absinken der Küstenregionen, sondern ebenso durch die Ignoranz der Menschen und ihre Eingriffe verursacht wurden, das heißt, durch die Nichtbeachtung der Maninschen Mahnung, durch die Zerstörung des Gleichgewichts zwischen Wasser und Land, die Zerstörung des biologischen Gleichgewichts in der Lagune.

Auf fatale Weise hängt das keineswegs unabwendbare, aber täglich bedrohlicher werdende Sterben der Lagunenstadt mit der Ausbreitung der Industriezonen auf dem Festland zusammen. Rücksichtslose Entnahme von Trink- und Brauchwasser aus artesischen Brunnen ließ den Grundwasserspiegel sinken. Die Erdgasgewinnung schuf weitere gefährliche Hohlräume. (Beidem wurde erst 1973 durch das Sondergesetz Einhalt geboten.) Chemische Abwässer, Schmutz, Müll der Industrie und ölige Rückstände der Tanker und Schiffe verwandelten weite Teile der Lagune in ein vergiftetes Brackwasser. Pflanzen und Fische starben. Der natürliche Reinigungsprozeß der Lagune, durch Ebbe und

Flut gewährleistet, ist weithin gestört. Der ohnedies altersschwachen historischen Bausubstanz Venedigs drohen zusätzliche Gefahren durch das stagnierende, chemisch verseuchte Wasser, ebenso durch die von den Abgasen der Chemieindustrie verursachte Luftverschmutzung.
Der Prozeß der Industrialisierung auf dem Festland vor Venedig läßt sich nicht rückgängig machen, wohl aber regulieren und kontrollieren, wie es durch das Sondergesetz seit 1973 eingeleitet wurde. Aber wie verhält es sich mit dem allmählichen Absinken der Lagunenstadt, das ja nur partiell mit der industriellen Grundwasserentnahme zusammenhängt und nicht weniger dem Ablauf allgemeiner geophysischer Gesetzmäßigkeiten unterliegt?
Noch im Jahre 1786 schrieb Goethe in seinem Reisetagebuch: »Übrigens hat Venedig nichts zu besorgen; die Langsamkeit, mit der das Meer abnimmt, gibt ihr Jahrtausende Zeit, und sie werden schon, den Kanälen klug nachhelfend, sich im Besitz zu erhalten suchen.« Im 18. und 19. Jahrhundert war das Hochwasser, die *acqua alta,* eine Seltenheit und Belustigung der Venezianer. Noch 1879 bis 1959, in achtzig Jahren, überschwemmten die Flutwellen nur zwanzigmal die Piazza San Marco. Seit den sechziger Jahren dringen die Flutwellen häufiger, schneller und mit verstärkter Heftigkeit über die steinernen Plätze und Gassen. Heute rechnet man mit zwei Überflutungen jährlich.
Venedig liegt nur etwas mehr als zwei Meter über dem Meeresspiegel. Die Höhe der Piazza beträgt, gemessen an der Nullmarke von 1797, nur siebzig Zentimeter. Der Meeresspiegel steigt, wenn auch minimal, während die venezianischen Fundamente in den Boden einsinken. Nachdem zunächst ein jährliches Absinken von fünf bis sieben Millimeter registriert wurde, zeigen Messungen seit 1975 einen Stillstand, ja sogar ein leichtes Anheben an. Vielleicht ein

Erfolg der ersten Maßnahmen; auf jeden Fall ein Zeichen der Hoffnung.
Dennoch vermag eine einzige starke Flutwelle die gesamte Stadt zu überrollen. Die Gefahr wächst, wenn der Sturm die Adria in die Lagune preßt und der Scirocco oder die Bora wie eiserne Riegel das Zurückfluten der Wasser hindern. Bisher boten die Landstreifen der Lidi Schutz vor der Gewalt der Sturmflut. Aber auch hier melden sich die Warnzeichen. Die Flut trägt den Stränden der Lidi keinen Sand mehr zu, sondern nimmt ihn zurückebbend mit. Der aus mächtigen Granitblöcken aufgetürmte Wall der Murazzi auf Pellestrina galt bisher als unerschütterliche Schutzwehr. Zum erstenmal in der Geschichte durchbrach die Sturmflut im November 1966 diesen zyklopischen Sperriegel an vier Stellen und drohte die Lagune und Venedig zu überrollen. Man sagte, allein das Abflauen des orkanartigen Scirocco habe Venedig vor dem Versinken bewahrt.
Die große Flut im November 1966 setzte ein Signal, das eine Reihe von Aktivitäten auslöste, die jedoch im Kompetenzstreit und im Gerangel unterschiedlicher Interessengruppen, unterschiedlicher Auffassungen und Sanierungsvorschläge zu versanden drohten. Es bedurfte eines Jahrzehnts, bis im November 1975, nach der überzeugenden Vorarbeit des Beratenden Komitees der UNESCO für Venedig, eine erste Einigung über ein Gesamtkonzept erzielt wurde. Nochmals vergingen zwei Jahre, bis der Stadtrat von Venedig im Herbst 1977 konkrete, zunächst auf drei Jahre bemessene Restaurierungsarbeiten bekanntgab. Fürs erste scheint die Finanzierung gesichert zu sein, auch wenn die bereits 1973 vom Parlament in Rom mit Hilfe eines internationalen Bankkredits bewilligten 300 Milliarden Lire inzwischen durch die Geldentwertung geschrumpft sind.
Mit Vorrang soll die alte Bausubstanz, sollen die vom Verfall

bedrohten Wohnungen restauriert und saniert werden. Weitere Mittel werden für die Reinigung der Kanäle, für die Beseitigung oder Verringerung der Luftverschmutzung aufgewendet. Venedig soll als bewohnbarer Lebensbezirk, nicht als Museum erhalten bleiben. Nur die Wiederherstellung optimaler Lebens-, Wohn- und Arbeitsverhältnisse könnte die Abwanderung (jährlich drei- bis viertausend, vorwiegend jüngere Einwohner) zum Festland bremsen und verhindern, daß Venedig zum Altenviertel von Mestre-Marghera wird.
Dem bürgernahen Vorhaben der Stadtverwaltung kommt zugute, daß die Restaurierung von Kunstwerken, Kirchen, Palästen seit einigen Jahren zunehmend von privaten oder fremdstaatlichen, der UNESCO angeschlossenen Kommissionen übernommen wird. So tragen Stiftungen der Bundesrepublik – nach der früheren Wiederherstellung von Santa Maria dei Miracoli oder des Palazzo Barbarigo della Terrazza – die Restaurierung in der Kirche San Bartolomeo und der alten Gondelwerft von San Trovaso. Um nur zwei Beispiele anderer Initiativen zu nennen: Vorbildlich ließ der italienische Rundfunk den Palazzo Labia, ließ das amerikanische Venedig-Komitee die Scuola di San Giovanni Evangelista restaurieren.

Alle Maßnahmen zur Stadtsanierung sind abhängig von der Gesundung der Lagune, verlangen demnach Rücksicht auf den natürlichen Haushalt im Lagunenbereich und die Einschränkung seiner Ausbeutung. Die Verantwortlichen erkennen, daß zur Rettung Venedigs die ökologischen, die erhaltenden und die sozialen Erfordernisse unabdingbar zusammengehören. Es ist fast wie am Anfang der Lagunenstadt. Das »Wunder«, das Venedig retten könnte, käme nicht zustande ohne den Mut, die Phantasie und die Vernunft der Venezianer.

Im Land der Elymer

Dem Bergland zwischen Palermo und Trapani wird gern der Beiname »sarazenisch« gegeben. Hier, im äußersten Westen der sizilianischen Insel, war ihr Orient, von jeher. Die Griechen, trotz ihrer Kolonisationsversuche im 6. und Kriegsexpeditionen im 5. Jahrhundert v. Chr., konnten hier nie Fuß fassen, während Phönizier und Punier schon früh ihre Häfen und Handelsplätze ausbauten. Unverwischbar sind die Spuren der Sarazenen, bis heute erhalten in arabischen Ortsnamen und Bräuchen, in architektonischen Resten, in den Agrumen und Fruchtbäumen, die sie ins Land brachten. Arabisch blieb das lebhafte Landstädtchen Alcamo (55 km südwestlich von Palermo), obwohl der Staufer Friedrich II. die sarazenischen Einwohner nach Apulien übersiedelte. Neben dem Stauferkastell und mittelalterlichen Kirchen lebt Orientalisches weiter: Häuser mit fensterloser Straßenfront oder hinter hohen weißen Mauern verborgen, zierliche Innenhöfe mit Palme und Pergola, kleine arabische Mauerbögen. Arabischen Einfluß zeigen die schönen Portalornamente an der Chiesetta di S. Tommaso.

Wie Alcamo, so hüten viele Orte des Berglandes geschichtliche Relikte. Sie sind einfach anwesend, ohne Pathos, vor allem ohne das Pathos der Geschichte. Fragt man die Einheimischen, so erhält man hilflos unwissende oder legendär verzerrte Auskünfte. Die Historie als einstige Größe ist abgebröckelt, untergegangen. Nicht allein die Zeit, die Natur selbst hat sie überrundet. Die Landschaft duldet kein Pathos. Das verkarstete Bergland scheint in seiner Verlassenheit, seiner schwerelosen mittäglichen Ohnmacht zu verharren. Eine graubraune Einöde von Macchia und Steinfeldern, flimmernd unter der Glocke der heißen Luft, die der trockene, föhnige Atem des Scirocco noch drückender macht. Gelegentlich zieht der Duft von Mandelgärten mit dem Wind. Und dankbar nehmen die Augen das ermattete Grün der Ölbäume, die zarten Blütenfarben von Oleander und Opuntie wahr.

In diesem westlichen Bergland lebten schon in vorpunischer und vorgriechischer Zeit die Elymer, neben den Sikulern und Sikanern im Osten eines der Urvölker der Insel. Wir wissen wenig über die Elymer. Nach ihrer eigenen Legende sahen sie ihre Urväter in eingewanderten Trojanern. Der Athener Nikias nannte sie ein Barbarenvolk. Beides hat sich als zweifelhaft erwiesen. Schriftzeichen und spärliche Funde, Keramik und Münzen, deuten auf die Verschmelzung verschiedener Elemente, unter denen der punische und seit dem 5. Jahrhundert v. Chr. der griechische Einfluß stärker hervortreten. In der Sorge, ihre Unabhängigkeit und ihren blühenden Handel zu erhalten, sympathisierten die Elymer zunächst mit den Puniern und Griechen, mit dem griechischen Selinus (Selinunt) und dem karthagischen Motya (zwischen Trapani und Marsala). Sie griffen zu List und Tücke, um sich der griechischen Kolonisatoren, der wachsenden Macht der griechischen Stadtstaaten zu erwehren, kämpften bald auf der einen, bald auf der anderen Seite, riefen bald die Karthager, bald die Athener zum Kampf gegen die Inselgriechen ins Land. Am Ende waren sie selbst in diesem ungleichen Kräftespiel aufgerieben, ihre Städte und Heiligtümer zerstört.

Die Methoden der Elymer waren nicht immer reell, aber verständlich aus ihrer verzweifelten Lage. Als sie die Athener zum Kampf gegen die Sikelioten gewinnen wollten und athenische Abgesandte mißtrauisch zu ihnen kamen, um sich von ihrer Macht und ihrem angeblichen Reichtum zu überzeugen, holten sie die goldenen und silbernen Weihgeschenke aus dem Aphroditetempel auf dem Eryx. In allen Häusern, wo Athener gastlich bewirtet wurden, waren goldene und silberne Schalen, Krüge, Becher in Gebrauch. Dieser, wie die Athener glaubten, unermeßliche Reichtum bestimmte ihre Entscheidung für die sizilianische Expedition. Das Ergebnis war eine Katastrophe. Im Jahre 413 v. Chr. wurde die gesamte athenische Flotte vor Syrakus und das Hoplitenheer auf den Höhen um Syrakus vernichtend geschlagen. Verzweifelt über diesen Ausgang und haßerfüllt gegen die sikeliotischen Stadtstaaten Syrakus, Akragas, Himera und Selinus riefen die Elymer die Karthager zu Hilfe, die 409 v. Chr. das stolze Selinus und Himera, dann Akragas zerstörten. Diese für das gesamte Griechentum umstürzenden Ereignisse hatten die Elymer heraufbeschworen, eine Tatsache, die ihnen manches abwertende Urteil einbrachte. Aber auch ihr Schicksal war besiegelt. Die Syrakusaner rüsteten zu einem Rachefeldzug, und Dionysios I. zerstörte die elymischen Städte und machte die Elymer zu Sklaven.

Noch einmal, unter den Römern, lebte das elymische Egesta wieder auf. Nachdem sich die Elymer im Ersten Punischen Krieg den Römern unterworfen hatten, wurden sie für »unabhängig und abgabenfrei« erklärt. Die Römer förderten den Wiederaufbau Egestas. Empfänglich für geschichtlich-mythische Zusammenhänge, sahen die Römer in den Elymern ein Brudervolk. Auch sie beriefen sich ja durch ihren mythischen Ahnherrn Äneas auf Troja. Und Aphrodite, die Mutter des Äneas, galt auch als Mutter des riesenhaften

Hirtenkönigs Eryx, der in Urzeiten über die Elymer herrschte und von dem der Berg Eryx mit dem Aphroditeheiligtum seinen Namen hat. Ein Grund mehr für die Römer, nach ihrem Sieg über die Karthager das zerstörte Heiligtum auf dem Eryx wieder aufzurichten und den Elymern zu helfen. Aber die Nachblüte war nicht dauerhaft. Schon der römische Statthalter Verres plünderte, diesmal friedlich, die Elymerstädte und machte mit den Tempelschätzen erpresserische Geschäfte, was ihm nach der zornigen Anklage Ciceros die Verbannung brachte.
Die Elymer erholten sich nicht mehr. Den Todesstoß gaben ihnen und ihren Städten die Vandalen und Sarazenen. Im Mittelalter war die Erinnerung an sie ausgelöscht.
Das Volk der Elymer ist im Dunkel der Geschichte vergangen. Ihre Städte, die Reste ihrer Städte, sind eingesunken in den steinigen Boden des Berglandes, überwuchert und überdauert von der Natur. Allein der Tempel von Segesta, ein paar Mauerreste, Säulenstümpfe und ein eingefallener Weihebrunnen in Erice zeugen von den Elymern. Der Besuch dieser Stätten gehört zu den schönsten und bewegendsten Augenblicken einer Sizilienreise. Mögen auch zwischen Palermo und Trapani die sichtbaren und lesbaren Spuren den späteren Sarazenen gehören, in seiner tieferen Schicht ist es Land der Elymer.

Der Tempel von Segesta

Bald schon hinter Alcamo, nachdem die kurvenreiche Höhenstraße wieder hügelabwärts und durch ein bukolisch freundliches Tal führt, nachdem die Straße die fast idyllisch anmutende große Eisenbahnschleife überquert hat, öffnet sich das Blickfeld, und auf den Höhenrücken zur Rechten liegt der Tempel von Segesta. Der erste Anblick überrascht durch einen völlig unerwarteten Akzent. Nicht das Monu-

mentale, keine gigantisch gesteigerte Kraft scheint diesen Tempel zu kennzeichnen, sondern eine gesammelte Ruhe und Gelassenheit, das Ebenmaß eines von Menschenhand sanft überformten Findlings, der aus dem steinigen Boden ragt und nun wie hingeschmiegt in der Hügellandschaft ruht. Der Anblick währt nur kurz, dann schieben sich die vorgelagerten Hügel vor das Bild. Eine schöne, von Platanen gesäumte Straße zweigt nach rechts ab, überquert ein wasserarmes Flüßchen und führt aufwärts zum Fuß des Tempelhügels.
Von hier aus steigt man einen Pfad hinauf bis zur Hügelkuppe, vorbei an niederem, sattgrünem Gesträuch und Agaven, deren Blütenschäfte bis zu fünf Meter aus dem Blattwerk emporschießen. Am rechten Abhang breitet sich ein kleines Kornfeld aus. Oben dehnt sich der Macchiateppich, vertrocknetes Gras, Disteln, Kräuter. Im schattenlosen Licht steht der Tempel, ein einsamer Riese, frei nach allen Seiten über die gewellten Hügelrücken blickend, während im Hintergrund, hinter einer Mulde, ein Berg ansteigt und den Blick begrenzt.
Wir kamen nicht unvorbereitet nach Segesta, hatten über den Tempel gelesen, kannten sein Bild. Alles das zerfiel, wurde mühelos zunichte, als wir dem Tempel gegenüberstanden, seiner bestürzenden Schönheit und Lebendigkeit, von der noch das Land ringsum zehrt. Die Landschaftskulisse ist vollkommen. Das sanft abfallende Hügelland ist wie auf den Tempel hin stilisiert. Das Säulenrechteck scheint aus dem Boden zu wachsen, ein Teil der Landschaft, ohne sein von Menschen geschaffenes Maß zu leugnen. Dieses Maß besitzt eine Größe, die den Betrachter fassungslos macht, aber ihn nicht erschlägt, sondern ihn aufnimmt und frei atmen läßt. Die Einsamkeit und Stille, das Ausgesetztsein des Tempels unter den Stürzen des Lichts bekräftigen den ersten Eindruck. Wer diesen Tempel zuerst sieht, wird jeden anderen Griechentempel an ihm messen.

Ein Griechentempel, nach klassischen dorischen Maßen gebaut, im ungriechischen Westen der Insel? Die Elymer haben ihn nach dem Muster ihrer ärgsten Feinde errichtet. Begonnen um 425 v. Chr., blieb der Tempelbau nach der Zerstörung Egestas durch die Syrakusaner 409 v. Chr. unvollendet stehen. Ein unfertiger Tempel also. Jedoch die offene Tempelhalle, die dreistufige Basis, die sechsunddreißig aufrecht stehenden dorischen Säulen, je sechs an den Schmalseiten, der rundum auf die Säulen gelegte Architrav und die Giebel, das alles vermittelt den Eindruck einer in sich geschlossenen Vollkommenheit. Jede Hinzufügung, jede Änderung oder Wegnahme würde die vorhandene Harmonie stören. Der Tempel ist erhalten, wie er anfangs war. Nur der bräunlich helle Kalkstein ist mit den Jahrhunderten verwittert, vom Regenwasser ausgewaschen und bietet den Eidechsen Schlupfwinkel und den Mauerseglern Nistlöcher. Auf dem Boden der Halle wächst spärliches Gras.

Wir stiegen mehrere Male die Fundamentstufen empor. Sie sperren sich dem Maß des Menschenschrittes, gehören ganz der anderen, geistigen Ordnung des Tempels an. Eine Ordnung, die nicht leichthin begehbar ist, sondern schon das Aufmerken und Sichfügen des Menschen fordert. Diese Treppenstufen ziehen eine Grenze zwischen dem Draußen und dem geweihten Bezirk.

Innen ist alles licht. Im Inneren stehend, spürt man die Bewußtheit und Klarheit des Bauwerks. In den Urmaßen der waagerechten und senkrechten Gliederung hat sich menschlicher Ordnungswille gefestigt. Nun strömen Ruhe und Sicherheit aus diesem Gefüge. Die Säulen sind nahe. Was das Auge durch die Zwischenräume der Säulenfronten erblickt, das weithin auslaufende Wellenspiel der Hügel, dunkelgrüne Matten und steiniges Gelände, das rückt in eine unwirkliche, flächenhafte Ferne. Nahe und gegenwärtig ist der Bezirk der

Säulen, ist der unendliche Himmel über der dachlosen Halle. Beglückt folgten wir den Sturzflügen der Krähen und Mauersegler, die von oben in die Halle einfielen und zwischen den Säulen wieder nach draußen entschwanden.
Erst später entdeckten wir die Zeichen des Unfertigen: die dorischen Säulen sind nicht kanneliert; von den schweren Basissteinen sind die hervorkragenden Transportzapfen nicht abgeschlagen; Giebelfelder und Fries blieben ohne Schmuck; die Cella, die eigentliche Weihestätte im Innern, fehlt. Einige Forscher sagen, dieser Tempel sei von vornherein als eine nicht überdachte Säulenhalle, als ein Peristyl geplant gewesen. Der Opferaltar für die Kulthandlungen habe auf freiem Feld gestanden, und die Säulenhalle habe lediglich den würdigen Hintergrund gebildet. Der Betrachter wird der Frage, ob wirklicher Tempel oder Peristyl, nicht viel abgewinnen. Er vertraut seinen Augen. Was er sieht, trägt in sich das Zeugnis einer Größe, an der selbst der Hinweis auf das Unfertige des Tempels zerschellt.
Als wir schon zum Aufbruch rüsteten, kam ein Maultierreiter durch das kniehohe, vertrocknete Gras herangeritten. Er erbot sich, uns zum gegenüberliegenden Monte Barbaro zu bringen. Jenseits der neuen Straße erhebt sich der Berg, der das alte Egesta trug. Der Weg zum Monte Barbaro ist inzwischen ausgebaut. Doch der Anstieg ist beschwerlicher als der Weg zum Tempel; es geht höher hinauf, die Geröllbrocken sind zahlreicher, Gras und Strauchwerk spärlicher, eine öde, sommerdürre Vegetation.
Von der Berghöhe blickten wir hinab auf den hinter der Talsenke liegenden Tempel. Das milde Licht des späten Nachmittags umspielte die Säulenhalle, eine Aura der Heiterkeit umgab sie, während sich die Bergwand im Hintergrund schroff absetzte. Wie oft mochten die Egestaner von hier aus, von ihrem Stadthügel, hinübergeschaut haben zu ihrem

Tempel? Ihre alte Stadt liegt unter dem Hügel des Barbaro begraben. Die steinige Erde hat ihre Häuser zurückgenommen. Kaum etwas deutet darauf hin, daß unter der Erdkruste eine ganze Stadt schlummert. Was man bisher fand, mehr zufällig als systematisch, ist wenig, aber interessant genug: Krüge mit tiergesichtigen Henkeln; Münzen, die den Jäger Aigestos, den mythischen Gründer der Stadt, oder einen Hund mit drei Ähren oder den Kopf der Nymphe Egesta zeigen. Auch die Münzen lassen griechischen Einfluß erkennen, in der Prägung der Kopfprofile und der Haartracht.
Ein einziger Zeuge hält die Erinnerung an die Elymerstadt wach: das kleine Theater oberhalb des Stadthügels. Seinetwegen vor allem lohnt der Weg auf den Monte Barbaro. Das Theater wurde im dritten Jahrhundert v. Chr. angelegt, als Egesta unter der Gunst der Römer wieder auflebte. Es weist demnach schon auf die zweite, jüngere Phase. Das Halbrund der zwanzig Sitzreihen ist in das Felsgestein hineingeschnitten, während die Szene unten vor dem Absturz des Berges liegt. Das Hügelland und der Himmel sind in den Spielraum einbezogen.
Wenn man auf einem der gemuldeten Steine sitzt, gleitet der Blick über die Szene hinweg, überfliegt das braungrüne Hügelland nach Norden bis zum Golf von Castellammare, wo der Hafen Egestas lag. Links von der Talsenke, die den Blick freigibt, steigt ein breiter, klotziger Berg auf. Könnten unsere Augen ungehindert die Distanz von dreißig Kilometern überwinden, sie sähen links neben diesem Berg einen anderen Berg aufragen, den Monte Erice am westlichen Rand der Insel, der das älteste Heiligtum der Elymer trug.

Erice, Heiligtum der Liebesgöttin

Ungastlich und abweisend, ein klotzig-dicker Wachtturm, der den Westen und das angrenzende Meer beherrscht, oft umlagert von grauen Wolkenbänken und umbraust von den scharfen Winden der offenen See, ragt der Monte San Giuliano, der auch Monte Erice genannt wird, der Berg des Eryx, aus dem meerflachen Land nordöstlich von Trapani. Wer indes vom äußersten Stadtrand Trapanis mit der Funivia, der Seilschwebebahn, oder auf der anfangs leicht, dann in zahlreichen Kehren und Schleifen ansteigenden Straße nach oben kommt, dem bietet das mit unerwarteten Szenen nicht gerade kargende Inselland eine seiner angenehmsten Überraschungen. Wir sind an einem milden, sommerwarmen Tag heraufgefahren, und schon die Auffahrt bot den Augen eine überraschende Szenerie: Wiesenhänge und Mulden mit grasenden Bergschafen, bunt leuchtende Blumenbänder, dann wieder schroffe Bergstürze und schließlich Gruppen von Pinien und Kiefern.

Das archaische Erice ist – wie Segesta – versunken im Dunkel der Geschichte. Die alte Stadt wurde schon früh, während des Ersten Punischen Krieges, ausgelöscht, als die Karthager die elymischen Einwohner vertrieben und sich am Fuß des Eryx, dem sichelförmig ins Meer hinausgebogenen Drepanon, ansiedelten. Die den Elymern wohlgesonnenen Römer, die den Berg 248 v. Chr. eroberten und noch jahrelang erbittert gegen die Karthager verteidigten, bauten den von Hamilkar niedergebrannten Tempel wieder auf. Doch sie ließen lediglich eine größere Militärwache zurück. Nach der römischen Kaiserzeit geriet der Eryx völlig in Vergessenheit.

Als der erste normannische Roger Ende des 11. Jahrhunderts auf seinen Eroberungszügen den Westen durchstreifte, hatten sich in den verfallenen Festungsmauern des Eryx maurische Seeräuber eingenistet. Roger verjagte sie und gab dem Berg und dem neu gegründeten Dorf – nachdem er in einem Traum gesehen hatte, wie der heilige Julian mit einer Meute von Jagdhunden die Mauren davonjagte – den Namen San Giuliano. So stammt das heutige Erice, das im 13. und 14. Jahrhundert zu einem wohlhabenden Städtchen erwuchs und noch einmal im baufreudigen Barock durch Kirchen und Bürgerhäuser erweitert wurde, in seiner ältesten Schicht aus dem Mittelalter. Im Stadtbereich ist nichts von seinem ursprünglichen Hintergrund geblieben. Erst 1934 besann man sich auf den alten Namen Eryx und italienisierte ihn zu Erice. Heute ist das jahrhundertelang heißumstrittene, oft geplünderte, zerstörte und wieder aufgebaute Städtchen eine Oase der Stille, ein entrückter, bezaubernd schöner Platz, siebenhundertfünfzig Meter über dem Meer und Land. Selbst an heißen Sommertagen, wenn die Ebene sonnenmatt und ausgetrocknet darniederliegt, weht hier oben ein frischer, kühlender Wind. Die bis in die Bezirke der Häuser vordrängenden Pinien- und Kiefernhaine, die grünen Büsche der Parkanlagen und zahlreiche Blumengärten auf den Binnenhöfen und Dachterrassen der Häuser am Hang verbreiten einen angenehmen, würzigen Duft. Erice ist wegen seines wohltuenden Sommerklimas zu einem begehrten Ferienziel geworden. Viele Häuser werden als Sommersitz vermietet, und in der Pineta am Stadtrand entstand ein vorbildliches »Villagio turistico«.

Als wir durch die engen und reinlich gefegten, gepflasterten Gassen gingen, lag das Städtchen wie von den Bewohnern verlassen da. Ein für südliche Verhältnisse ungewohntes Bild. Keine Männeransammlung auf der Piazza. Kein lebhaftes Treiben und Kinderlärm in den Gassen. Allenfalls begegnet man einem Alten, der gehüllt in seinen schwarzwollenen

Kapuzenmantel im Schatten sitzt. Die dicht aneinandergeschmiegten grausteinigen Häuser sind zur Straßenseite versperrt, und aus den rückwärtigen kleinen, blumengeschmückten Binnenhöfen dringt kein Laut zur Straße. Selbst das Hämmern der Kupferschmiede geht unter in dem allgemeinen Schweigen. Die für Erice von altersher bekannten Handwebereien und Teppichknüpfereien betreiben ohnedies ein lautloses Handwerk.

Auch um die grauen, verwitterten Kirchen – die (im 19. Jahrhundert unschön restaurierte) Chiesa Matrice im Nordwesten mit dem eleganten Campanile aus dem Jahre 1312 und einer schönen Madonnenstatue von Laurana, San Giovanni im Osten mit dem gotischen Portal aus dem 13. Jahrhundert und San Guiliano mit dem festlich-barocken Viereckturm – weht ein Hauch von Verlassenheit. An den abbröckelnden Steinwänden wächst Moos. Das Glockengeläut kommt wie von fern her. Aber die Stille hat nichts Beängstigendes. Diesem aus aller Betriebsamkeit zurückgenommenen Ort ist eine eigenartige, entrückte Schönheit beigemischt – wie dem Brot, das hier gebacken wird, der Duft der Orangen, denn die Backöfen werden mit dem Holz der Zitrusbäume geheizt.

Was macht den Zauber dieses Ortes aus? Unter den vielen möglichen Antworten nehmen sich die Hinweise auf das angenehme Klima und die einzigartige Lage doch recht prosaisch aus. Gewiß, man sieht an klaren Tagen bis hinüber nach Nordafrika, wo einst Karthago lag. Im Nordosten steigt der Felskegel des Monte Cofano aus dem Meer, und weiter zurück liegt das Capo San Vito mit seinem weißen Leuchtturm. Im Osten und Süden wird das vorgelagerte Flachland von den graubraunen westsizilischen Bergen eingegrenzt. Im Westen heben sich die gewölbten Rücken der Ägadischen Inseln aus dem dunklen Meer. Von der Stadtterrasse sieht man hinab auf das betriebsame Trapani, das einstige Drepanon, auf weiße, würfelige Häuser und die ins Meer vorspringende Landzunge, auf Molen und Hafenbauten, auf die langflächigen, weißflimmernden Salzteiche mit den spielzeughaft kleinen Windmühlen, in denen das Meersalz feingemahlen wird. Kein anderer sizilianischer Berg gewährt einen umfassenderen Weitblick. Er mag dazu beitragen, den Reiz des Ortes zu erhöhen. Freilich die tiefere Bezauberung geht nicht von dem aus, was sichtbar, was nahe und gegenwärtig ist, sondern ist gewoben aus längst Vergangenem, aus mythischem Stoff und dem, was in Erinnerungen und Legenden weiterlebt.

War nicht Herakles mit seiner geraubten Rinderherde – nachdem er den Stretto di Messina durchschwommen hatte, an den Hörnern eines Stiers hängend – nach langer Wanderung auf den Berg des Eryx gestiegen? Der Herr des Berges, der kraftstrotzende Hirtenkönig Eryx, Sohn der Aphrodite und eines Argonauten, forderte jeden Ankommenden zum Zweikampf und tötete den Unterliegenden. Herakles, der Halbgott, besiegte Eryx. Damit gehörte ihm die Tochter des Eryx und das Land. Aber Herakles verzichtete auf sein Besitzrecht und zog weiter.

Vermutlich enthalten diese mythischen Vorgänge schon das Modell einer Fruchtbarkeitsmythe. Einer der ältesten Fruchtbarkeitskulte des Mittelmeerraumes war auf dem Berg heimisch. Aus der Magna Mater wurde die Liebesgöttin, deren vielbesuchtes Heiligtum auf dem Berg stand. Im Verlauf vieler Jahrhunderte wechselte der Name der Liebesgöttin von Ischtar zur taubenumflatterten Astarte, zur meerentstiegenen Aphrodite und schließlich zur Venus Erycina der Römer. Elymer, Phönizier, Griechen, Römer, sie alle huldigten der einen Liebesgöttin und kamen, »auf dem luftigen Felsen des Eryx« – wie Theokrit ihn genannt hat –, ihre Mysterien zu feiern.

Auf der höchsten Erhebung des Eryx, hinter dem normannischen Kastell im Osten, dem aufsteigenden Licht zugekehrt, lag das Heiligtum. Hier brannten die umgrünten Altäre Tag und Nacht. Von der Kultstätte ist nicht viel geblieben, ein paar Mauerreste, Säulenstümpfe und der Mauerring des Weihebrunnens, der das Wasser für die sakralen Reinigungen spendete. Aber es bedarf nur eines geringen Anstoßes, ein wenig Spielraum der Phantasie, und wie schnell bleibt das Städtchen Erice zurück und wird zur grauen und schon verwitterten mittelalterlichen Kulisse, die dem älteren, mythisch gesättigten Ort beigegeben wurde. Von hier aus waren die Tauben der Astarte einmal im Jahr, zum Anfang des Frühlings, über das Meer nach Nordafrika geflogen und kamen nach neun Tagen zurück, angeführt von einer roten Taube, dem Symbol der Fruchtbarkeit. Die rote Taube war die »wiedererstandene« Astarte, und mit ihrer Rückkehr begannen die Hauptmysterien, die den neuen Frühling einweihten. Auch der griechischen Aphrodite, die auf dem Eryx wie auf Kypros und Kythera ihren Tempel hatte, wird der Kult zugeschrieben.

An die tausend geweihte Mädchen, die Hierodulen, dienten der Liebesgöttin auf dem Eryx, und es galt als verdienstvoll, der Göttin neue Dienerinnen zuzuführen. Aus dem ganzen Mittelmeerraum kamen die Seefahrer und Pilger, um mit den Priesterinnen die Mysterien zu feiern und »die Werke der Aphrodite zu pflegen«.

Daidalos, der geniale und »kunstreiche« Erfinder, hat der Aphrodite auf dem Eryx gehuldigt und – nach dem Bericht des Diodor – als Weihegeschenk aus purem Gold eine kunstvoll nachgebildete Bienenwabe geschaffen. Vielleicht war es eine Dankgabe, nachdem ihn die durch Bienenwachs gehaltenen Federflügel auf seiner Flucht von Kreta übers Meer getragen hatten und er auf Sizilien Zuflucht fand. Den sizilianischen Herren, die ihn vor König Minos schützten, zeigte er sich durch zahlreiche Erfindungen erkenntlich. Es wäre auch denkbar, daß Daidalos der Erbauer des ersten Aphroditetempels auf dem Eryx war und daß die älteste Verteidigungsanlage, von der noch ein Stück der mörtellosen Grundmauer erhalten ist, sein Werk war.

Aber weder vom alten Tempel noch von der goldenen Bienenwabe sind Spuren geblieben. Die umherliegenden Säulenreste stammen aus jüngerer Zeit. Auch die wenigen noch erhaltenen Weihegeschenke, die im Museo Comunale von Erice aufbewahrt werden, sind spätere Stiftungen: rührend einfache Geräte und kleine Kunstarbeiten, versehen mit den aphroditischen Symbolen, Eroten mit Adler und Schwan oder Tonlampen in Form einer Taube. Die ganze Anmut und frauliche Würde der süßen Herrin, der menschenbeglückenden Aphrodite Pandemos, ist eingefangen in einem kleinen Aphroditekopf aus dem vierten Jahrhundert v. Chr., dem schönsten Stück des Museums.

So spärlich die greifbaren und prüfbaren Hinweise auch sind, Mythen und Legenden bleiben mit der ihnen eigenen Beharrlichkeit lebendig. Nach der römischen Kaiserzeit erloschen die Altarfeuer auf dem Berg, nachdem die Römer in der Verehrung ihrer Venus Vulgivaga dem Verständnis der ursprünglichen Mysterien schon entfremdet waren und die sakrale Prostitution mehr und mehr vulgäre Formen angenommen hatte. Aber noch immer umflattern die Tauben der Astarte den Berg und den verfallenen Weihebrunnen, fühlen sie sich in den kleinen brüchigen Mauernischen heimisch. Die schöne Faszination dieses mythischen Ortes zwischen Himmel, Meer und Land blieb unberührt. Und wenn noch heute – wie es schon der arabische Reisende und Chronist Ibn Jubair fand – die Frauen von Erice zu den schönsten ganz Siziliens zählen, so mag auch darin die Erinnerung an die Liebesgöttin und ihre tausend Dienerinnen weiterleben.

Insel des Helios und der Ritter

Rhodisches Panorama

Wenn du das Glück haben solltest, im sanften Gold eines Juniabends auf Rhodos anzukommen, wirst du unweigerlich glauben, daß hier ein großes Meerestier im Wasser schläft.

Lawrence Durrell

Natürlich kannte ich die Legende. Sie vor allem hatte mich gedrängt, mehr über Rhodos zu erfahren, die Helios-Insel im Südosten der Ägäis kennenzulernen. Ich kam nicht dazu, die mitgenommenen Bücher aufzuschlagen. Während der Nachtfahrt, nachdem die Küstenlichter von Kap Sunion verblaßt waren, blieb ich an Deck, bis mich die Müdigkeit und der nachtkühle Etesienwind in die Kabine trieben. Aber können Bücher über Rhodos mehr geben als die Wiederholung oder Variierung des schon Gewußten?

Die Legende, wie sie Pindar in der siebten olympischen Ode mitteilt, gehört zu den schönsten, weil sie in der Sprache des Mythos ein Vor- oder Urwissen überliefert, an das keine Forschermühe heranreicht. Als der Göttervater Zeus, so heißt es, die Inseln und Städte verteilte, war der Sonnengott Helios fern, und keiner im Olymp dachte an ihn. Nach der Rückkehr des Helios gab es Ärger.

. . . Gemahnt von ihm,
will Zeus von neuem
losen; doch Helios wehrt's.
Denn, sprach er, von Wogen umspült
hab er in düsterem Meer ein Land gesehen
wachsen vom Grund herauf,
das den Menschen reiche Kost,
und Wonne den Herden gewähre.

Zeus befahl, und die Schicksalsgöttin Lachesis streckte ihre Hand aus. Als erster sah Helios seine begehrte Insel aus den salzigen Fluten emporsteigen. Rhodos wurde ihm, der »die sengenden Strahlen zeugt, die feueratmenden Rosse lenkt«, zu eigen. Die Geologen bestätigen, daß die Insel durch ein Seebeben aus dem Meer gehoben wurde. Ihr Gestein birgt Muscheln und Seetiere. Von allen griechischen Inseln kannte nur Rhodos den Kult des Helios, und von allen griechischen Inseln genießt Rhodos die meisten Sonnentage. Mythos und Wirklichkeit ergänzen einander.

Ich kam nicht, wie Lawrence Durrell, von Alexandria herauf, den heißen Scirocco im Rücken, fuhr nicht am Abend, sondern an einem Spätsommermorgen in den Hafen von Rhodos ein. In der Nacht hatte mein Schiff die Kykladeninseln passiert, Sifnos, Ios, Amorgos, schlafende Schattentiere auf dem bewegten Wasser der Ägäis. Als wir um die rhodische Nordspitze fuhren, war die Sonne schon über die anatolischen Berge gewandert. Der Meltemia, wie auf den Inseln der frische Nordwind genannt wird, kühlte den Nacken, machte die noch vor dem Mittag einfallende Hitze erträglich.

Aber ich sah Durrells »großes Meerestier«, dachte bei mir, ein riesiger gestrandeter Delphin, der seine spitze Schnauze gegen die von der Sonne ausgetrockneten Karischen Berge richtet. Hochgewölbt der längliche Rücken, die von Norden nach Süden ziehenden rhodischen Berge, fast in der Mitte der alterskahle, gelbbraune Atavyros, der Zeusberg, um dessen Kuppe sich oft die Wolken ballen. In der Insel sah ich den Delphin, den ich während der Nacht- und Morgenfahrt vermißt hatte. Man sagt, der Delphin, wenn er vor dem Schiffsbug tanzt und springt, bringe Glück und gutes Wetter.

Mir blieb noch Zeit, die Insel im Blick, während das Schiff mit verringerter Kraft langsam beidrehte, über die eigentümliche

Anziehungskraft nachzudenken, die von jeder Insel ausgeht. Es ist immer das gleiche, die Erwartung, Spannung, Faszination des Inselfahrers, wenn sein Schiff dem Hafen zufährt. Was reizt den »Islomanen«, den von der Inselwelt Faszinierten? Die kleine, abgesonderte, der Hektik entzogene Welt, scharf umgrenzt und überschaubar? Jede Insel hat ihr eigenes Gesicht, ihren eigenen Lebensrhythmus, gibt sich unverstellt zu erkennen. Die Insel selbst, in ihrer Unabhängigkeit und Isoliertheit, bestimmt das Maß der täglichen Bedürfnisse, der kleinen und großen Wünsche. Manche »Islomanen« reizt die Sehnsucht nach einer Robinsonade oder der Urtraum, ein Stück von dem zu entdecken, wiederzufinden, was wir das Paradies oder auch die Insel Utopia nennen. Befrage ich mich, so fasziniert mich die überall spürbare, schmeckbare, riechbare, hörbare Gegenwart des Meeres. Jede Insel ist ein Geschöpf des Meeres, beherrscht vom Meer und von ihm allein abhängig, eingebettet in das Urelement, aus dem das Leben hervorging. Jede Insel, sofern sie noch nicht denaturiert ist, hat den salzigen Geschmack des Ursprungs bewahrt.
Rhodos ist die größte der »Zwölfinseln«, des Dodekanes, wozu allerdings nicht zwölf, sondern dreizehn Inseln gehören oder, noch genauer, einschließlich aller unbewohnten Splitterinseln hundertdreiundsechzig. Politisch oder strategisch bildet Rhodos eine Art Schutzschild an der Südostgrenze der Ägäis, unmittelbar vor der anatolischen Küste, vor dem antiken Lykien, dem späteren mächtigen osmanischen Reich.
Wer auf den Hafen von Rhodos zufährt, erblickt zuerst die Mauerpanzer und bulligen Festungstürme der Ritterstadt, überragt vom zinnengekrönten Kastell der Johanniterritter, die Schaustücke der mittelalterlichen Vergangenheit. Näherkommend nehmen Hafen und Stadt gefälligere Züge an. Spitz aufragende Minarette und Moscheekuppeln zeigen an, daß den Osmanen schließlich doch der Sprung auf die Insel

gelang. Wehrbauten und Festungswälle konnten der türkischen Übermacht nicht widerstehen. Nach einer sechsmonatigen heldenhaften Verteidigung kapitulierten die Ritter von Rhodos am 25. Dezember 1522. An den Eroberersultan Süleyman den Prächtigen erinnert die Soliman-Moschee, die in den ersten Jahren im Zentrum der Ritterstadt errichtet wurde und ein Minarett mit zwei Umgängen erhielt.
Nahezu vierhundert Jahre wehte über Rhodos die rote Fahne mit dem Halbmond, als 1912 die Italiener die Insel besetzten. Ihre dreiunddreißigjährige tyrannische Herrschaft ist den Rhodiern in unguter Erinnerung, obwohl die italienischen Gouverneure Straßen bauen ließen und eine fieberhafte Bautätigkeit entwickelten. Aber was sie bauten oder renovierten, geriet um eine beträchtliche Spur zu groß und erschöpfte sich in großtuerisch mißverstandenen Imitationen im neugotischen Stil. Ihr langgestreckter Gouverneurspalast am Ufer vor der Einfahrt in den Mandraki-Hafen imitiert in einem verwegenen Mischstil den venezianischen Dogenpalast.
Nach dem Zweiten Weltkrieg endeten die Jahrhunderte der Fremdherrschaft, wurde Rhodos dem griechischen Mutterland zurückgegeben. Heute zahlt Rhodos als meistbesuchte der griechischen Inseln dem Tourismus Tribut. In der Hochsaison hilft nur die Flucht ins kaum besuchte Landesinnere, mit seinen Dörfern und weißen Kapellen, seinen Wäldern, seiner bezaubernd schönen Flora ein Wunschland, das sich allen Sinnen öffnet. Aber die heutigen Kreuzfahrtschiffe, die wie die Feuerpfeile des Helios vom Himmel herabkommenden Charterflugzeuge bringen friedliche Invasoren. Und es ist nicht mehr so, wie vor hundert Jahren ein englischer Reisender schrieb, eine Reise nach Rhodos sei erregend, weil man nicht mit Sicherheit sagen könne, ob man die Insel erreichen werde.

Den antiken Seefahrern, die auf die Insel zusteuerten, soll der Wind den Duft der Rosen von Rhodos entgegengeweht haben. Man sagt ja, der Rose verdanke die Insel ihren Namen. Antike rhodische Münzen zeigen eine aufgefaltete Rose. Oder ist es eine Granatapfelblüte? In der Rosenfrage sind die Meinungen der Inselkenner geteilt. Erhart Kästner, der deutsche Griechenlandfahrer, sah in der feuerflockigen Blüte des Granatapfels die Rose von Rhodos. Ernst Jünger, den der Inselfrühling nach Rhodos lockte, fand als charakteristische Blume die gelbe Marguerite, gefolgt von der rosigen Myrte. Lawrence Durrell, der nach dem Krieg in der Villa Kleobulos im Garten der Murad-Reis-Moschee lebte, hob den scharlachroten Hibiskus hervor. Neben dem Hibiskus sah er im Rot des Oleanders und im schweren Purpur der Bougainvillea die beherrschenden Farben und nannte die wilde Rose »vergleichsweise bescheiden«.

Wer auf Rhodos nur einer Blüte, nur einer Blume den Preis zuerkennt, sagt immer zuwenig. Die kräftigeren Farben stechen hervor. Aber wer könnte die vielfarbigen Orchideen, die weißen Asphodelen, die blauen Glyzinien übersehen, und warum sollen Jasmin, Lavendel, der von den Bienen umschwirrte Thymian und die durchaus nicht bescheiden wildwachsenden Zistrosen weniger gelten dürfen? Rot und gelb und violett leuchtet es aus dem grünen Blattwerk, in den Gärten, von den Wällen und bröckelnden Mauern, an den freien Hügelhängen und in den fruchtbaren Tälern. Keine andere griechische Insel kann mit der rhodischen Blumenpracht wetteifern und ebensowenig mit dem jahreszeitlich wechselnden Blütenduft und dem betörenden Aroma von Pflanzen und Sträuchern.

Die südliche Lage auf der Höhe Nordafrikas, dazu der durch zahlreiche Quellen und meerwärts ziehende kleine Flüsse regulierte Wasserreichtum schenken der Insel eine üppige

Vegetation. Alle Früchte des Südens gedeihen prächtig, Mandarinen, Orangen, Limonen, Feigen, Mandeln und Oliven. Im Sommer, wenn vom anatolischen Hochland die Gluthitze aufsteigt oder der heiße, lähmende Scirocco von Afrika heraufweht, kann das tropische Klima zur Plage werden. Aber solche Tage sind gezählt, denn der allgegenwärtige frische und belebende Meltemiawind bringt Milderung.

Dem Klima und der verschwenderisch blühenden Natur kommt zugute, daß der Waldbestand nicht wie auf Sizilien oder anderen Inseln des Mittelmeers dem Raubbau zum Opfer fiel. Rhodos besitzt noch herrliche schattenspendende und tierreiche Wälder. Durch den großen Wald um den Eliasberg, den Profitis Ilias, ziehen noch die Hirsche und Hirschkühe, die im Altertum aus Kleinasien herübergeholt wurden, wie man sagt, um die Schlangen zu vertreiben. Noch heute tragen die Frauen bei der Landarbeit zum Schutz vor Schlangen hohe Stiefel.

Die Schlange gab Anlaß zu einer zweiten Erklärung des Inselnamens. Demnach soll aus dem phönizischen Wort für Schlange, rod, der Name Rhodos entstanden sein. Aber nicht die Schlange wurde zum Wahrzeichen von Rhodos, sondern die Rose oder die Granatapfelblüte, wie ihr Bild auf den antiken Münzen geprägt ist. Und auch Hirsch und Hirschkuh, die Schlangenvertreiber, avancierten zu rhodischen Wahrzeichen. Ihre auf hohen Säulen stehenden bronzenen Standbilder, links und rechts auf den Molenköpfen, grüßen jeden, der in den Mandraki-Hafen einfährt.

Der Koloß

Aus meiner Schulzeit war mir sein Bild vor Augen. Ich sah nicht die biederen Säulentiere, sondern den gigantischen

Koloß, dessen schwere Füße auf den beiden Molenköpfen der Mandraki-Einfahrt standen. Mich beeindruckte ungemein, wie zwischen den gespreizten Beinen eine Galeere mit gespanntem Segel einfuhr, auf der Mole ameisenklein die Menschen. Die hochgereckte Rechte hielt die Feuerfackel, die Linke den Pfeil, um den Kopf der Strahlenkranz, ein monströses Bild des Inselgottes Helios. Zuletzt entdeckte ich sein Bild am Wunderbrunnen des südtiroler Klosters Neustift. Über zwei Jahrtausende stachelte der rhodische Koloß die Phantasie der Menschen an. Im dritten Jahrhundert v. Chr. geschaffen, zählte er zu den sieben Weltwundern, den herausragenden Schöpfungen von Menschenhand, neben den Pyramiden in Ägypten, dem Leuchtturm von Alexandria, dem Tempel der Diana in Ephesos, dem Mausoleum im Halikarnassos, den Hängenden Gärten der Semiramis in Babylon, der olympischen Zeusstatue des Phidias.
Der Koloß war das kurzlebigste der Weltwunder. Er stand vielleicht achtundsechzig Jahre, als ihn ein gewaltiges Erdbeben fällte. Sicherlich trugen seine Kurzlebigkeit, das Gigantische, seine dennoch bewunderte Schönheit und die darüber hinaus mageren Auskünfte dazu bei, der Phantasie Nahrung zu geben. Ich gäbe viel darum, wüßte ich, wer das Bild des Giganten im fabuliersüchtigen Mittelalter erfand. Ein Phantasiebild, wie wir längst wissen. Es ist weder überliefert, wie der Koloß aussah, noch kennt man auch nur annähernd seinen Standort. Mit Sicherheit stand er nicht über der Hafeneinfahrt, weil der tragfähige Felsgrund eine zu breite Lücke läßt, eher dort, wo heute der Gouverneurspalast steht.
Was wir wissen, bezieht sich auf die Vorgeschichte, den Anlaß zur Errichtung der kolossalen Statue, und auf die höchst bemerkenswerte Nachwirkung. Denn über Jahrhunderte rührte niemand die gewaltigen Trümmer an. Griechen und Römer fuhren nach Rhodos, das zerstörte Weltwunder

zu sehen, ein sensationelles Schaustück, ein Berg von bronzenen Körperteilen, eisernen Tragelementen, behauenen Felsblöcken, die die Höhlungen ausfüllten. Drei Jahrhunderte nach der Zerstörung beschrieb Plinius die gigantischen Trümmerstücke, berichtete der Grieche Strabon, allein die bronzenen Finger seien größer als die üblichen Statuen, den Daumen könne ein großgewachsener Mann kaum mit den Armen umfassen.

Gegen Ende des vierten vorchristlichen Jahrhunderts standen die Rhodier auf der Höhe ihres Ansehens und Reichtums, den ihnen vor allem der Handel einbrachte. Ihre Seetüchtigkeit und Seemacht boten Gewähr für ihre Unabhängigkeit, die den Handelsaustausch mit allen Mittelmeerländern ermöglichte. Auf dem anatolischen Festland herrschte seit dem Tod Alexanders des Großen sein einäugiger Feldherr Antigonos. Er plante, von Phrygien aus das auseinandergebrochene Reich Alexanders zurückzuerobern, und forderte die Rhodier kurzerhand auf, sich mit ihm gegen das von Ptolemaios beherrschte Ägypten zu verbünden. Die Rhodier, deren wichtigster Handelspartner Alexandria war, lehnten ab. Und nun fiel dem Sohn des Antigonos, dem kriegswütigen Demetrios mit dem Beinamen Poliorketes, Städtezertrümmerer, die Aufgabe zu, die ohnedies begehrenswerte Insel zu annektieren.

Demetrios lehrte die Rhodier das Fürchten, als er 305 v. Chr. die Insel überfiel. Nie zuvor steuerte eine gewaltigere Invasionsflotte auf Rhodos zu, 170 Truppenschiffe, 200 Kampfgaleeren, unzählige Versorgungsschiffe, im Schlepptau ganze Rudel von Booten und Piratengaleeren, deren Steuerleute reiche Beute erhofften. Die Rhodier, an Zahl und Kriegsgerät, nicht an Tapferkeit unterlegen, wehrten sich auf dem Meer wie auf der Insel verzweifelt. Ein Meeressturm trieb die Armada des Eroberers auseinander. Aber die

Belagerung und die Angriffe beider Seiten zogen sich über ein Jahr hin, bis Demetrios einsah, daß seine besten Sturmtruppen, seine neu konstruierten Belagerungstürme und Wurfmaschinen den Widerstand nicht brechen konnten. Demetrios, der Athen und Zypern erobert hatte, scheiterte auf Rhodos. Und nicht nur dies, er mußte, als er abzog, wertvolle Kriegsgeräte, Belagerungstürme und die schwerfälligen Panzerschiffe zurücklassen.

Die Rhodier feierten ihren Sieg, indem sie der Gigantomachie des kriegerischen Überfalls ein nicht weniger gigantisches Denkmal als Dank- und Warnzeichen widmeten, den Koloß. Kaum jemals fand zurückgelassenes und erobertes Kriegsgerät eine sinnvollere Verwendung. Die Rhodier verkauften alles und zahlten mit dem Erlös ihr Denkmal. Was lag näher als die Darstellung des schützenden Inselgottes Helios?

Zwölf Jahre, bis zur Vollendung um 290 v. Chr., arbeitete der beauftragte Bronzebildner Chares aus Lindos an diesem Riesenwerk, ungenannt die Scharen der Mitarbeiter und Hilfskräfte. Allein schon handwerklich und technisch war die Errichtung ein Wunder. Der bronzene Koloß wuchs zu einer Höhe von dreißig bis sechsunddreißig Metern auf, im Inneren durch Felssäulen und schwere Eisengerüste stabilisiert. Vermutlich türmte sich neben dem jährlich um etwa drei Meter wachsenden Koloß ein Arbeitsberg auf, der nach der Vollendung wieder abgetragen wurde. (Auch die technischen Voraussetzungen sprechen gegen den Standort auf der Mole.)

Der Rhodier Chares war ein Schüler des Lysippos, des von Alexander dem Großen bevorzugten Bildhauers. Beide stehen am Anfang der hellenistischen Kunst, die östliche Einflüsse aufnahm und in der plastischen Darstellung den strengen Kanon der Griechen auflockerte durch eine Verleiblichung individueller, gefühlsbetonter Regungen, durch eine bis ins barocke Pathos gesteigerte Ausfigurierung. In dieser Ausdruckskunst erlangten die rhodischen Bildhauerschulen bis in die letzten Jahrzehnte vor der Zeitenwende, dem Ausklingen des Hellenismus, ihre beispielgebende Berühmtheit. Aber auch frühere rhodische Arbeiten, wie die schöne Grabstele von Krito und Timarista aus dem späten 5. Jahrhundert v. Chr. (im Archäologischen Museum), zeigen eine erstaunlich anmutige Betonung des Körperlichen und emotionale Bewegtheit.

Aus den drei hellenistischen Jahrhunderten sind mehr als hundertzwanzig Namen rhodischer Bildhauer überliefert. Die meisten ihrer Werke fielen Naturkatastrophen zum Opfer, wie der Koloß, wurden durch Kriege zerstört oder von Eroberern geraubt. Als die Römer im Jahre 42 v. Chr. Rhodos besetzten und ihrem Reich einverleibten, entführten sie zahlreiche Kunstwerke, denn in diesen Jahrzehnten stand die rhodische Bildhauerkunst auf der Höhe ihres Ruhms. Wenigstens zwei der nach Rom gebrachten Werke wurden wiedergefunden: die antike Kopie des Farnesischen Stiers (heute im Nationalmuseum von Neapel) und die um 50 v. Chr. geschaffene berühmte Laokoongruppe (heute in den Vatikanischen Museen). Zumal die Laokoongruppe bezeugt vollendet die stark bewegte, das Pathos nicht scheuende Ausdruckskraft der späthellenistischen rhodischen Bildhauer. Auf der Insel ist keine der für Rhodos typischen Kolossalstatuen erhalten. Aber das Archäologische Museum bewahrt eine Reihe kleinerer anmutiger Plastiken wie die vom Meeresgrund heraufgeholte »Aphrodite von Rhodos«, aus der barocken hellenistischen Zeit den Kopf des Helios, der andeuten könnte, wie der Koloßkopf des Chares ausgesehen haben mag.

Man muß sich vorstellen, daß irgendwo nahe dem Hafen und weithin sichtbar über Jahrhunderte der haushohe Trümmerberg des Giganten lag, die geformten Einzelteile noch erkennbar. Sicherlich bewegte die Rhodier nach dem zerstörerischen Erdbeben im Jahre 227 v. Chr. (oder 222) der Gedanke, den Koloß wieder aufzurichten. Die Verbündeten, die Nachbarstaaten, auch Ptolemaios aus Ägypten spendeten ja reichlich Geld und Waren zur Wiedergutmachung der Schäden. Doch es hieß, das Orakel von Delphi habe den Rhodiern verkündet, der Zorn des Inselgottes würde sie treffen, sollte der Koloß wieder aufgestellt werden, und überhaupt habe ihr gigantisches Denkmal das Gebot des Maßes verletzt.

Plinius sah in dem geborstenen Koloß »liegend noch ein Wunder«, und er sprach für viele. Zu seiner Zeit, wie bereits im ersten vorchristlichen Jahrhundert, war Rhodos das Ziel der bildungshungrigen römischen Elite. Der Rhodier Panaitios, wie der Bildhauer Chares aus Lindos stammend, hatte die stoische Philosophie erneuert und ihre helle, männliche Lehre den Söhnen des römischen Adels nahegebracht. Sein Schüler Poseidonios, der universale Syrer, der als erster den Unterschied zwischen Germanen und Kelten beschrieb, der Berechnungen über den Einfluß des Mondes auf die Gezeiten, über die Entfernung der Sonne und den Erddurchmesser anstellte, fand auf Rhodos seine Wahlheimat. Poseidonios begründete am Anfang des ersten vorchristlichen Jahrhunderts die rhodische Universität, die als geistiges Zentrum Rom, Athen und Alexandria in den Schatten stellte. Im Tal von Rodini südlich der Stadt, heute wegen seiner Naturschönheit ein beliebtes Ausflugsziel, lag die berühmte Rhetorenschule. Und kaum einer der jungen Römer, der von höchsten staatlichen Ehren träumte, verzichtete auf die lange Reise, um in die Schule der rhodischen Stoiker und Rhetoren zu gehen.

Cato, Cicero und Caesar hörten noch ergeben den großen Philosophen Poseidonios. Von Pompeius heißt es, ihn habe die Weisheit der rhodischen Stoiker dermaßen begeistert, daß er jedem der Gelehrten eine beträchtliche Geldsumme stiftete. In der rhodischen Schule saßen Brutus und Cassius, der sich später allerdings weniger dankbar verhielt, denn er führte 42 v. Chr. die römischen Eroberer und Plünderer an. Sie alle sahen den nun schon sagenumwobenen zertrümmerten Koloß, und nach ihnen kamen Tiberius, der mehrere Jahre auf Rhodos lebte, und der griechenfreundliche Kaiser Hadrian, der erwogen haben soll, den Koloß wieder aufzurichten.

Es ist eigentümlich, daß der Koloß weder auf der Insel noch irgendwo sonst die geringste Spur hinterließ. Sein Ende, sein endgültiges Auslöschen fiel in das siebte Jahrhundert, als Sarazenen Rhodos besetzt hatten. Ein arabischer Feldherr ließ die verwitterten Trümmerbrocken auf das Festland schaffen und verkaufte sie an einen syrischen Juden. Dieser Händler soll die gewaltige Last neunhundert Kamelen aufgebürdet haben und mit seiner Karawane nach Odessa gezogen sein. Berechtigte Zweifel an der Zahl der Kamele meldet an, wer einem anderen Bericht mehr Glauben schenkt, wonach 12,5 Tonnen Bronze und 7,5 Tonnen Eisen transportiert wurden. Das ergäbe kaum mehr als hundertfünfzig Kamellasten. Die Chroniken melden weiterhin, am Zielort seien die metallenen Trümmerstücke eingeschmolzen worden. Ob, wie vermutet wird, aus dem eingeschmolzenen Koloß wiederum neues Kriegsgerät hergestellt wurde? Das wäre am Ende der Geschichte vom rhodischen Koloß eine merkwürdige Umkehrung des Anfangs, seiner Errichtung vor neun Jahrhunderten.

Die Ritter

Um die Ritterstadt zu sehen, bedurfte ich keines Phantasiebildes und keiner historischen Mutmaßungen. Die Ritter von Rhodos gaben der Kommune der Griechen jenes festgefügte, wehrhafte Aussehen, das die Zeiten überdauerte. Ihr Harnisch überspannt die Stadt des Helios und der Rosen. Auch hier, auf Rhodos, tritt die Umkehrung eines humanen Auftrags kräftig ins Bild, denkt man an die antiken Bildhauerschulen, an das Bildungszentrum der Rhetoren und Philosophen. Aber was sich mit robusten Mauern und Türmen so kriegstüchtig präsentiert, wurde längst von der überall wuchernden Natur und dem Fortgang der Zeit entwaffnet, zur schönen, Touristen lockenden Kulisse degradiert, von huschenden Eidechsen und Vögeln besetzt.

Der Ankommende sieht zuerst das kleine Molenkastell St. Nikolaus und die bis zum Hafen vorgezogenen Festungsmauern, über der Stadt die Zitadelle der Ritter. Er geht durch die wuchtigen Tore, die den Mauerring öffnen, zum Ordenshospital, dessen frühgotisch gewölbte Hallen heute das Archäologische Museum beherbergen, und weiter hinauf zum Palast des Großmeisters. Der bis auf wenige mittelalterliche Reste zerstörte Palast wurde von den Italienern wiedererrichtet, die Fassade nach den alten Plänen, während sich im Inneren der pompöse Geschmack der Mussolini-Ära breitmachte.

Doch wo sonst gibt es das: eine fast vollständig erhaltene Ritterstraße des 15. Jahrhunderts, kieselgepflastert, an den Seiten die mittelalterlichen Häuserblöcke, die Quartiere der vielsprachigen Landsmannschaften. Hier allerdings, zwischen den Quadermauern, empfindet man die lastende Schwere der Ritterherbergen als Fremdkörper auf der lichten Insel. Die gepanzerten Ordensritter brachten nach Rhodos eine fremde, gegensätzliche Lebensart, den Rhodiern so unverständlich wie die Sprachen der neuen Herren. Es muß eigenartig gewesen sein, wenn die Ritter, nach ihrem strengen Reglement paarweise und beritten, im schwarzen Umhang mit dem achtspitzigen weißen Kreuz durch die lebhaften Viertel der Einheimischen zogen. Aber die Ritter, obwohl sie jeweils kaum mehr als fünfhundert zählten, zwangen im 14. und 15. Jahrhundert der Stadt ihr Gesicht auf.

Ihr von nahezu unversehrten Wällen und Mauern umgrenzter Bezirk, ihr Collachium, entstand auf den Fundamenten der griechisch-römischen Stadt. Das Heiligtum des Helios krönte vermutlich den Hügel, der nun den stattlichen Palast des Großmeisters trägt. Die antike Stadt, wie sie der Urbanisator Hippodamos von Milet im 5. Jahrhundert v. Chr. entwarf, war dreimal größer als das heutige Rhodos, eine antike Großstadt. Aus dem 3. Jahrhundert v. Chr. sind die Reste des Aphroditetempels in Hafennähe erhalten. Sonst wird man antike Fragmente außerhalb suchen müssen, im südlichen Rodinital, wo die hellenistische Nekropole entdeckt wurde, oder auf zwei Hügeln westlich der Stadt, wo Archäologen die Reste der antiken Akropolis freigelegt haben.

Für die Ritter war die Antike eine mindere Größe, bestenfalls wert, Steine für ihre Mauerpanzer und Bauten zu liefern. Zur Verwirklichung ihres noch heute bestaunenswerten Bauprogramms hatten die Rhodier Fronarbeit zu leisten und enorme Steuern aufzubringen. Aber gerechterweise ist hinzuzufügen, daß die Ritter, deren schnelle Galeeren im Emborio-Hafen lagen, die Insel fortan vor den Überfällen von Seeräubern und Türken schützten, daß ihr planendes und ordnendes Regiment über zwei Jahrhunderte eine friedliche Entfaltung sicherte, den Wohlstand auch der Rhodier mehrte.

Es ist merkwürdig genug, wie der Johanniterorden, der doch dem Dienst an den Kranken und Armen verpflichtet war, au

Rhodos zu einer militanten Körperschaft wurde. Waren die Ritter nicht die rabiatesten und bestorganisierten Seeräuber der Ägäis, christliche Korsaren, denen kein türkisches Schiff entkam?

Die Herrschaftsverhältnisse, in die sie einbrachen, waren einigermaßen verworren. Nominell gehörte Rhodos zum byzantinischen Reich. Auf Rhodos herrschte ein genuesischer Admiral, der sich vorwiegend der Seeräuberei widmete und nicht verhindern konnte, daß während seiner Abwesenheit türkische Piraten die Insel heimsuchten. Die Johanniter, in Jerusalem als Krankenpflege-Bruderschaft gegründet und wegen ihrer karitativen Verdienste 1113 von Papst Paschalis II. bestätigt, waren nach dem Verlust der christlichen Stützpunkte in Palästina 1291 auf Zypern gelandet. Auf der Suche nach einer neuen Aufgabe kam ihnen das Angebot des genuesischen Admirals, Rhodos zu besetzen, gerade recht. Der Genuese erwartete vom Pakt mit den Johannitern ein von Byzanz losgelöstes Gedeihen seiner Geschäfte. Der Papst, der das Unternehmen insgeheim unterstützte, erwartete von den Johanniterrittern auf Rhodos die Errichtung eines Bollwerks gegen die expansiven Türken. Aus den Krankenpflegern waren bereits militärisch disziplinierte Ritter geworden, die sich im Kampf und auf See bewährt hatten.

Die Johanniter, geführt von ihrem Großmeister Foulques de Villaret, landeten 1306 bei Feraklos an der Ostküste der Insel. Doch die Genuesen hatten sie in ein reichlich dubioses Abenteuer gelockt. Möglicherweise trieben die Genuesen gegenüber den Johannitern ihr hinterhältiges und undurchsichtiges Spiel aus Gründen der Rückversicherung. Denn die byzantinische Besatzung, im Verein mit den Rhodiern, wehrte die Angriffe der Ordensritter ab und erhielt bald Verstärkung. Erst nach drei Jahren bezwangen die Johanniter die Insel, übernahmen sie am 15. August 1309 Rhodos und nannten sich von nun an Ritter von Rhodos. In kurzer Zeit beherrschten sie als souveräne Herren aus eigenem Machtanspruch nahezu alle Inseln des Dodekanes, nordwestlich bis Kos, Kalymnos und Leros.

Das Hauptkontingent der Johanniter, neben den Geistlichen und den dienenden Brüdern, bildeten die bewaffneten Ritter. Wer sich bewarb, konnte mit vierzehn Jahren in den Orden aufgenommen werden, durfte mit achtzehn die Waffen tragen. Voraussetzung war der Nachweis der adeligen Herkunft auf vier, bei den gründlichen Deutschen auf acht Generationen beider Elternteile. So versammelte der Johanniterorden eine aristokratische Elite, die Söhne aus den vornehmsten Familien des europäischen Adels. Die Ritter gruppierten sich, entsprechend ihrer Herkunft aus der Auvergne, Provence, aus Frankreich, Spanien, Italien, England und Deutschland, in Landsmannschaften oder »Zungen«, denen jeweils ein Prior vorstand. Ihre Häuser säumen die Ritterstraße oder liegen in der Nähe wie die Herberge der Ritter der Auvergne, die mit ihrer Loggia erstaunlich elegant, fast venezianisch wirkt. Das schöne Haus, heute Sitz der städtischen Behörde, stammt aus dem Jahre 1507 und wurde vorbildlich renoviert.

Der Große Rat wählte aus den bewaffneten Rittern den Großmeister, dessen Souveränität keine Macht der Welt, weder Rom noch Byzanz, antasten konnte. Das Übergewicht der Franzosen zeigte sich darin, daß von den einundzwanzig Großmeistern während der zweihundertdreizehn Jahre auf Rhodos die Mehrzahl dem hohen französischen Adel entstammte. Ihre Wappen schmücken den Palast und den großen Saal des Ordenshospitals. Es waren imponierende, ihrer Macht und ihres Reichtums bewußte Gebieter wie Philibert de Naillac, Pierre d'Aubusson, Emery d'Amboise oder Villiers d'Isle-Adam, dem das tragische Ende der Rhodosritter aufgebürdet wurde.

Von den drei Ordensgelübden Armut, Keuschheit und Gehorsam war jenes der Armut das gewiß vernachlässigtste. Die rhodischen Johanniter sammelten mehr Reichtümer als irgendeine christliche Gemeinschaft ihrer Zeit. Die Überwachung der Ägäis sicherte den Levantehandel der christlichen Seefahrer. Rhodos, als nun ungefährdeter Stützpunkt und Umschlaghafen der Handelsschiffe, blühte auf wie nie zuvor. Nur gegenüber den türkischen Schiffen verfuhren die gefürchteten Seeritter nach allen Regeln der Freibeuterei, entwickelten sie einen bestens organisierten Seeraub, der ihre Lagerhäuser und die Ordenskasse mit erbeuteten Schätzen füllte. Der Großkanzler machte im Auftrag des Ordens seine Geschäfte mit den florentinischen Bankhäusern. Der Orden verfügte über einträgliche Besitztümer in Frankreich, Spanien und anderen Ländern.
Aber auch einzelne Ritter mehrten ihren Besitz oder fanden Gefallen an einem von Luxus und Reichtum bestimmten Leben, das kaum mit dem Gelübde der Armut in Einklang zu bringen war. Mehrere Male sahen sich die Großmeister veranlaßt, Sondergesetze gegen den verschwenderischen Aufwand der Ritter zu erlassen.
Das Erstaunliche, auf den ersten Blick Widersprüchliche ist nun, daß der materielle Reichtum die militärische Disziplin keineswegs aufweichte. Die strenge Einhaltung eines Reglements, das eine verschworene, jederzeit kampffähige Elite zusammenhielt, verlieh den Rhodosrittern ihren geradezu legendären Ruf. Das Würfelspiel und alle Arten leicher Unterhaltung wie das Lesen nichtreligiöser oder nichtwissenschaftlicher Schriften waren den Rittern verboten. Die Feinde fürchteten und bewunderten sie zugleich. Die Inselbewohner empfanden die elitär abgesonderten, harten Gesetzen unterworfenen Ritter als fremde Herrenkaste, der sie allerdings nicht wenig verdankten: Schutz vor den Freibeutern, eine

gerechte Verwaltung und Rechtsprechung auf den Inseln, eine traditionell beibehaltene vorzügliche Betreuung von Kranken durch Ärzte und Pfleger, die im wahrscheinlich bestgeführten christlichen Hospital ihrer Zeit dienten.
Für die Türken, zumal nach der Eroberung Konstantinopels im Jahre 1453, war die gepanzerte Insel vor der anatolischen Küste ein Ärgernis. Sie sahen in Rhodos nichts anderes als ein gieriges, vielarmiges Meeresungeheuer, das seine eisernen Fühler weit ausstreckte und jedes erreichbare Türkenschiff griff und verschlang. Zweimal, 1479 und 1480, drangen türkische Invasionstruppen bis zu den Wällen von Rhodos vor. Ihre Angriffe prallten an der harten Schutzwehr der Verteidiger ab. Der siegreiche Großmeister Pierre d'Aubusson konnte in der Folgezeit die Wälle verstärken und den Bau des großen Ordenshospitals vollenden.
Als im Jahre 1522 der kriegserfahrene Sultan Süleyman der Prächtige auf mehr als fünfhundert Galeeren und Lastkähnen und zahlreichen Begleitschiffen mit angeblich hunderttausend Kriegern übersetzte, half auch die vielgerühmte Tapferkeit der Ritter von Rhodos nicht mehr. Wie die Heuschrekken überfielen die Janitscharen die Insel. Über sechs Monate hielten die Verteidiger ihre Bastion. Mag die weltliche Lebensweise der Ritter kaum noch den Vorstellungen des Ordensgründers, des »Dieners der Armen« Gerard Tune, entsprochen haben. Wenn sie gefordert wurden, erwies sich die Ordensdisziplin als moralische Kraft, die auch den Schwächsten mitriß. Jetzt, angesichts der zehnfachen türkischen Übermacht, kämpften die Ritter bis zum äußersten einen aussichtslosen Kampf. Ende Dezember 1522, als der siebzigjährige Großmeister Villiers de l'Isle-Adam zur Kapitulation gezwungen war, lebten noch hundertachtzig Ritter, vom Kampf und von Entbehrungen gezeichnet, die meisten verwundet.

Der Siegersultan Süleyman ehrte die Überlebenden, indem er ihnen freien Abzug gewährte und selbst für den Proviant auf den bereitliegenden Galeeren sorgte. Mit den Rittern konnten ihre Hilfstruppen, Anhänger und die ihnen treuen Rhodier ziehen. Niemandem war verwehrt, seine eigenen Waffen, seinen eigenen Besitz mitzuführen. Ungehindert wurden die wertvollen Urkunden und Schriften der Johanniter, die Reliquien und Kirchengeräte auf die Schiffe gebracht. Die großzügige Geste des Sultans, keineswegs üblich zu einer Zeit, in der Besiegte eher gepfählt wurden, mag widerspiegeln, welche Achtung die Rhodosritter bei ihren Todfeinden genossen.

Mit der Ausfahrt der Galeeren am Neujahrstag 1523 war die Geschichte der Ritter von Rhodos zu Ende. Die Besiegten segelten nach Zypern, fanden aber erst nach acht Jahren auf der Insel Malta eine neue Heimat. Von nun an nannten sich die Ritter des Ordens, der Johannes dem Täufer geweiht war, Malteserritter.

Als die Rhodosritter ihre Insel verlassen hatten, zog Sultan Süleyman mit seinen Würdenträgern und Gefolgsleuten in die zur Moschee verwandelte Kirche des heiligen Johannes ein, um Allah für den Sieg zu danken. Die Ordenskirche, die Begräbnisstätte der Großmeister, stand südlich des Eingangs zum Palast des Großmeisters. Im 19. Jahrhundert durch eine Explosion zerstört, wurde sie 1925 von den Italienern nach den alten Plänen rekonstruiert, erhielt jedoch einen neuen Standort am Hafen nahe dem Gouverneurspalast. Heute dient die wiedererrichtete Kirche des heiligen Johannes als griechisch-orthodoxe Bischofskirche.

Die Ritterstadt auf Rhodos, ihre wehrhaften Bauten und den Mauerring mit seinen sieben Toren ließen die Türken unverändert. Das mediterrane Licht überzieht die Steine mit einem milden ockerfarbenen Schimmer. Aber ist nicht die gepanzerte Stadt im lichten Inselreich der südlichen Ägäis ein Fossil, das versteinerte Zeugnis einer Körperschaft aus einer anderen, fremden Welt? Die Türken brachten wiederum ihre Lebensart nach Rhodos, und was von ihr erhalten blieb, in den Moscheen und Spitztürmen, in der Altstadt, in kleinen Blumengärten und auf dem alten Türkenfriedhof, durchsetzte die steinerne Stadt mit freundlichen und malerischen Akzenten. Dennoch unwiederholbar blieben die großen, bewegenden Zeiten, in denen der Name der Insel bei den Freunden Bewunderung, bei den Feinden Furcht weckte, als die Rhodier ihrem Inselgott Helios den Koloß und die Ritter von Rhodos ihre Stadt errichteten.

Der heilige Berg Athos

> Wenn ich aber glaube, in Wissenschaft und Gelehrsamkeit bei ihnen etwas zu gewinnen, sei ich zu ihrem großen Herzeleid irrtümlich berichtet: sie alle seien Ignoranten, und Unwissenheit sei allgemeine Sitte des heiligen Berges, weil Gott am letzten Gerichtstage den Menschen nicht frage, was er gelernt, sondern wie er gehandelt habe.
>
> *Jakob Philipp Fallmerayer*

Wir waren von Thessaloniki auf unserem Schiff mit einer Touristengruppe hergefahren. Was hatte ich erwartet? Eine geistig-ästhetische klösterliche Gemeinschaft, ähnlich der Benediktinerabtei auf dem katalanischen Montserrat oder der von Maria Laach in der Eifel? Ich hätte wissen müssen, daß die Athosmönche mit diesen reglementierten Orden kaum etwas gemein haben. Die kirchliche Disziplin der lateinisch-römischen Orden, das Eingebundensein in einen erzieherischen, sozialen oder wissenschaftlichen Auftrag, das alles hat auf dem heiligen Berg keine Geltung. Die Athosmönche suchen die passive Askese, die radikale Ablösung von der Welt, die jeder für sich vollzieht, in strengeren oder gemäßigteren Gemeinschaften oder als Eremit. Aber ich kam, als ich vor einem Jahrzehnt den Athos zum erstenmal besuchte, unvorbereitet, und ich machte einen zweiten Fehler, der mit der Art meiner damaligen Anreise zusammenhing. Dem konnte nur eine Enttäuschung folgen.
Vor der Nordostküste der schmalen Athoshalbinsel wurden wir ausgebootet und landeten in einer kleinen, idyllischen Bucht, von der grob behauene Steintreppen und ein Pfad zwischen grünen, buschigen Sträuchern hinaufführten zum Kloster. Auf der oberen Terrasse, von der nur ein Feldweg landeinwärts führte, Ölbäume, Feigenbäume, Agaven, rosa und weiß blühender Oleander, wildes Mastixgesträuch, die

unbewegte Vegetation des Südens. Ein Maultier mit Tragriemen stand vor der Klosterpforte, das einzige Tier weit und breit und das einzige Verkehrsmittel auf dem Athos. Nicht einmal unsere Schritte, unser Reden konnten der Stille, der Abgeschiedenheit, vom Morgenlicht durchströmt, etwas anhaben.

Es gibt diese Augenblicke, wo man nicht weiß, ob man einem erfüllten Frieden oder der bloßen Leere ausgesetzt ist. Das war so, als wir die Pforte passiert hatten und über den abschüssigen, von trockenem Gras überwucherten Klosterhof gingen. Kein Mensch, kein Tier, kein Laut, keine Blume, nur seitlich einige Orangenbäume mit leuchtenden Früchten. Wir sahen rundum, unregelmäßig aneinandergesetzt, ein Konglomerat von Gebäuden, in der Mitte die überkuppelte, mit einem dunklen Rot bemalte Kirche, Katholikon genannt, nicht weit von ihr der massiv hochragende rechteckige Wachtturm. Eine Klosterfestung wie auch die anderen der zwanzig großen Athosklöster, die in den vergangenen Jahrhunderten oft genug Seeräuber und weltliche Eindringlinge abwehren mußten.

Der Gastpater führte uns höflich, aber offensichtlich wenig erfreut durch den riesigen Komplex, durch leere, ungereinigte Säle, zum Speiseraum, der Trapeza, ausgemalt mit alterswelken Fresken, zur Bibliothek, in deren Regalen verstaubte, offenbar kaum benutzte Bücher standen. Was wir auch sahen, war dem Leben entrückt, dämmerte in musealer Verwahrung dahin. Ein viel zu großer, viel zu weiter Mantel, der Vergangenes abdeckte, in dessen Falten, wie es uns schien, die Langeweile und Schwermut nisteten, die Akedia, von der man sagt, sie sei eine Mönchskrankheit.

Eine Zahl, die der schwarzbärtige Gastpater nannte, erklärte uns einiges. Das große Kloster, das einmal tausend Mönche beherbergt hat, wird heute noch von 45 Mönchen bewohnt.

Sie gehören der weniger strengen, der idiorrhythmischen Observanz an, was heißt, daß jeder der Mönche nach eigenem Gutdünken lebt. Während des vielleicht dreistündigen Klosteraufenthalts begegneten uns nicht mehr als fünf Mönche in ihren abgetragenen schwarzen Kutten, langhaarig oder mit Nackenknoten wie alle Athosmönche, denn in den Klöstern gibt es keine Haarschere. Zwei von ihnen saßen zigarettenrauchend in einer Saalecke und entfernten sich wortlos.

Die Mönche werden unsere Besichtigung als lästig empfunden haben. Ich glaubte, in ihren bleichen, verschlossenen Gesichtern etwas wie Abwehr oder Geringschätzung bemerkt zu haben. Aber das Mißverständnis lag auf unserer Seite. Der Athos ist kein Besichtigungsobjekt, entzieht sich demjenigen, der Interessantes erwartet. Als Pilger vielleicht oder wie der griechische Dichter Niko Kazantzakis, der als junger Mann »von Kloster zu Kloster, von Wunder zu Wunder, verzückt und glücklich« zog, käme man dem aller Zeitlichkeit entrückten Leben des Athos nahe, diesem natürlich befremdenden unglaublichen Anachronismus. Allenfalls kann man Zugang suchen, um beizutragen »zum Fortschritt der wissenschaftlichen Erforschung der christlich-griechischen Kultur, deren wichtige Arche der heilige Berg Athos ist«, wie die Formel auf dem Erlaubnisschein lautet, der dem zugelassenen Fremden die Klosterpforten des Athos öffnet.

Die Mönchsrepublik

Der unverdrossene Athospilger Fallmerayer verglich seine eigenen, ungemein scharfsinnig notierten Eindrücke mit einem drei Jahrhunderte alten Bericht. Nichts habe sich bei den Mönchen geändert, schrieb der als Byzanzreisender berühmt gewordene Wissenschaftler, es sei »keine neue Idee eingedrungen, keine neue Pflanze aus dem Boden herausgewachsen«. Wiederum 135 Jahre nach Fallmerayers Athosreise ließe sich seine Notiz wiederholen. Nichts hat sich geändert.

Fast meint man, auf dem Athos in eine geschichtslose Windstille geraten zu sein. Und man kann, je nach Standort, darüber nachdenken, ob diese Geschichts- und Weltlosigkeit Ausdruck einer Fülle oder Leere, einer auf das äußerste konzentrierten Selbstfindung oder bloß erstarrter Weltmüdigkeit ist. Aber so denkt der Außenstehende. Die Mönche lächeln über derartige Begriffsspaltereien. Die Geschichte im Sinne einer entwicklungs- und fortschrittssüchtigen Abfolge von Jahren und Jahrhunderten, im Sinne von Machtzuwachs und Machtverlust, berührt die Athosmönche nicht. Ihr Desinteresse betrifft auch die eigene Geschichte. Es gibt keine von einem Athosmönch geschriebene Geschichte des heiligen Berges. Was einmal vor tausend Jahren als Regel und Lebensweise festgeschrieben wurde, wiederholt sich endlos wie das Stundengebet.

Zwar tragen die Mönche nicht mehr die Packsättel auf den eigenen Schultern, sondern ließen das Maultier als Lastträger zu. Aber man findet auf der knapp 50 Kilometer langen und bis zu 10 Kilometer breiten Halbinsel von Kloster zu Kloster keine befahrbare Straße, keinen Wagen und kein Fahrzeug. Wer den gesamten Höhenweg von Nordwesten nach Südosten wandert, bis zum letzten Großkloster, der Meghiste Lawra zwischen dem Athosgipfel und dem Meer, würde wie zur Zeit Fallmerayers »wenigstens achtzehn Stunden« unterwegs sein. Nur dürfte er nicht einkehren in den Klöstern am Wegrand, nicht lange rasten auf den bis zu tausend Metern ansteigenden Höhen, bei den Oliven, Feigen und Weinreben, unter Nußbäumen und Platanen, in den weiten, lichten Kastanienwäldern. Er dürfte, will er nach achtzehn Stunden das abgelegenste Kloster erreichen, nur im Gehen hinunter-

und ausblicken auf die tieferliegenden Klöster, Einsiedeleien, Ölgärten, Weingärten und auf das Meer.
Üblicherweise kommt der Besucher nicht auf dem Landweg nach Athos, sondern fährt von Ouranoupolis, dem letzten Ort vor der Mönchsrepublik, mit dem Boot nach Daphni, dem kleinen Athoshafen an der Westküste. Von dort fährt – nur hier, außerhalb der klösterlichen Bereiche geduldet – ein Bus nach Karyes, dem einzigen Dorf des Athos, in einem Hochtal gelegen, geradezu üppig umgeben von Laubwald, Kastanien und Zypressen, von Haselnußbüschen, Wein- und Gemüsegärten. Zu Karyes gehören vielleicht zweihundert Häuser, kleine Kaufläden, Werkstätten, ein Gasthof und ein Postamt, zahlreiche Kapellen, Eremitagen und eines der alten Klöster, das Protaton, das seit Jahrhunderten Sitz des heiligen Rates ist. Jedes der zwanzig Großklöster delegiert einen Vertreter in den heiligen Rat, dem die Verwaltung der Mönchsrepublik anvertraut ist. Es gibt wenig genug zu verwalten in dieser weltfernen Republik, denn die Klöster folgen dem Prinzip ihrer Selbstverwaltung, und die Eremiten in den Einsiedeleien oder den Kellai, den Zwei- und Dreisiedeleien, leben ohnedies ihr eigenes asketisches Leben. Eines hat sich seit Fallmerayer in Karyes denn doch geändert. Nicht mehr türkische Polizisten, sondern griechische und ein griechischer Gouverneur bezeugen die Anwesenheit einer weltlichen Schutzmacht. Die Klöster bewahren noch die Schutzbriefe der Sultane, die das mönchische Leben in bemerkenswerter Weise respektierten. Dazu mag ein Gutteil himmlisch-weltlicher Diplomatie beigetragen haben. Die Athosmönche hatten sich aus eigenem Antrieb 1430, noch vor dem Fall Konstantinopels, dem Sultan Murat II. unterworfen. Seit 1912 steht die Mönchsrepublik unter dem Schutz Griechenlands, was vorwiegend der Hilfeleistung in Verwaltungs- und Fremdenverkehrsfragen oder der Erhaltung der

Klosterbauten dient. Keine Macht der Welt könnte der autonomen Mönchsrepublik ihren Willen aufzwingen. Kein Fremder, kein Regierender und kein Bischof könnte einreisen ohne das gemeinsame Siegel der Vorstände der zwanzig heiligen Klöster.

Was in den Klöstern als monastisches Prinzip selbstverständlich sein mag, die völlige Abwesenheit von Frauen, nimmt in Karyes eher Züge einer grotesken Abnormität an. Ein Dorf ohne Frauen und Mädchen, ohne Kinder, ohne Lachen, ohne Häuslichkeit und die täglich geweckte Lebenslust. Selbst Kazantzakis, der Freund der Mönche, sprach von einem »traurigen, unerträglichen Männerdorf«. Keine Frau und kein Kind dürfen den Athos betreten, und die Mönche überwachen mißtrauisch die Einreisenden, um zu verhindern, daß eine Frau in Männerkleidung eindringt. Man sagt, das Frauenverbot, das Avaton, sei auf ein Ereignis im 11. Jahrhundert zurückzuführen, als die Mönche mit den Frauen eingewanderter Schäfer allzu weltlich umgingen. Doch über die disziplinarische Maßnahme hinaus gründet das Avaton in der radikalen Ablösung von der Welt, die auch die Absage an die Lust der Zeugung und das weltliche Geborenwerden einbezieht. Kein Mensch wird auf dem heiligen Berg geboren. Hier vollzieht sich allein die Ablösung, das Sterben – freilich, um eine größere Freude und Lust zu gewinnen.

Eine nun doch kuriose Variante des Verbotes weiblicher Lebewesen bildet seine Anwendung auf weibliche Tiere. Auch Tiere sollen auf dem Athos nicht gezeugt und geboren werden, weshalb die Mönche nur männliche Haustiere halten und ihre Mahlzeiten entsprechend karg sind, vorwiegend vegetarisch. Aber ungefragt paaren sich die Vögel in den Bäumen und unter den Dächern der Klöster.

Nehmen wir die Legenden der frühen Zeit aus, so beginnt die überschaubare Geschichte des Athos im 10. Jahrhundert.

Zahlreiche Eremiten lebten in Höhlen und dürftigen Hütten, nur dem Gebet, der Armut, der Abkehr von der Welt dienend. Zu diesen freiheitlich und wild lebenden Einsiedlern kam aus Athen der Mönch Athanasios mit dem revolutionären Vorhaben, die zerstreuten Kräfte zu sammeln und einer Regel zu unterwerfen. Mit der Hilfe des frommen Kaisers Nikephoros Phokas gründete Athanasios um 963 das Kloster der Meghiste Lawra und führte das Typikon ein, die erste Klosterregel des Athos. Es kam zum Aufstand der ungebunden lebenden Eremiten gegen den unerwünschten Reformator, gegen die Umkehrung des Gewohnten durch Regelzwang, Klosterökonomie, Arbeit und Subordination. Phokas' Nachfolger, Kaiser Johannes Tsmiskes, beendete den Streit, indem er 972 die erste Verfassung des heiligen Berges unterzeichnete, die auf eine Bockshaut geschrieben und darum Traghos genannt wurde. Bereits 1060 wurde der Athos dem Einfluß des Patriarchen von Konstantinopel entzogen. Allein der kaiserliche Schutz garantierte die damals noch mehr als heute ungewöhnliche demokratische Selbstverwaltung der Mönchsrepublik.

Der in der Ostkirche hochverehrte heilige Athanasios hatte einen halben Sieg errungen. Aus dem überaus heftig geführten Mönchskrieg gingen jene zwei Richtungen hervor, die bis heute das athonitische Leben bestimmen. Die koinobitischen Klöster wie Esphigmenou oder Dionysiou sind der strengsten Observanz verpflichtet, der absoluten Unterwerfung der Mönche unter die Klosterdisziplin und dem auf Lebenszeit gewählten Abt. In den idiorrhythmischen Klöstern wie Meghiste Lawra, Iwiron oder Vatopedi leben die Mönche denkbar ungebunden und wählen ihren Abt jeweils für ein Jahr. Sie besitzen persönliches Eigentum und speisen nur selten am Gemeinschaftstisch. Nur begrenzte Arbeiten und die gemeinsame Liturgiefeier verbinden die Kommunität.

Der Athos kennt noch andere Formen des Mönchslebens: die von den Großklöstern abhängigen Skitai, aus mehreren Gehöften bestehende Mönchssiedlungen, oder einsam gelegene Einzelgehöfte, Zwei- und Dreisiedeleien, deren Bewohner häufig neben dem heiligen Dienst als Fischer oder Bauern leben oder die Tradition der Athoskünstler fortsetzen. Es stört die mönchischen Künstler nicht, daß ihre Ikonenmalerei und Holzschnitzerei schablonenhaft die einmal große Kunst des Athos wiederholt. Diesem Maßstab folgend, scheuen sie die individuelle Originalität. Überreich sind die Klöster an Wandmalereien und Ikonen aus dem 14. und 16. Jahrhundert, der Zeit der kretischen Maler.
Das Jahrhundert nach dem Fall Konstantinopels (1453), nachdem sich die Klöster von den Sarazenenüberfällen erholt hatten, war die hohe Zeit des Athos. Die Mönche sprechen gut von den türkischen Sultanen, denn sie ließen die Klöster unangetastet und gewährten ihnen Schutz. So konnte der heilige Berg zum Zentrum der orthodoxen Christenheit werden. Im 16. Jahrhundert lebten in über 40 Klöstern, wie geschätzt wurde, rund 40 000 Mönche. Heute zählt man auf dem Athos annähernd 1500 Mönche und jährlich kaum mehr als 30 bis 50 Novizen. Ohne die Unterstützung der griechischen Schutzmacht wären die Mönche schwerlich imstande, die noch bestehenden Großklöster und die angeschlossenen Siedlungen zu erhalten.
Keiner staatlichen Hilfe bedürfen die Eremiten, die vereinzelt auf den südlichen Höhen des Athos leben, in Höhlen und roh gezimmerten Hütten. Manche von ihnen hausen auf den unzugänglichen Klippen hoch über dem Meer, und man sieht ihre Nester, wenn man mit dem Boot um die Südkuppe der Halbinsel fährt. Gutmütige Fischer, die vorüberfahren, halten an und legen in die an langen Stricken herabgelassenen Körbchen etwas Brot, ein paar Fische oder sonstige Nahrung.

Ich sah einen Kahn mit zwei Mönchen, die ihre Einsiedlerbrüder mit dem Notwendigsten versorgten. Es war gegen Abend; über die Felsen zog ein milder rötlicher Schimmer, und das Meer schlug kaum hörbar an das steinige Ufer. Die Mönche hatten ihren Kahn an den kleinen Strand gezogen und mit einem Strick an einem Felsbrocken befestigt. Nur ihre schwarzen Kutten und Bärte, nicht ihre Gesichter waren zu erkennen. Von unsichtbarer Hand gezogen, pendelte das Körbchen aufwärts, denn auf der Klippe, neben niederem grünem Gehölz, sahen wir wohl einen hüttenähnlichen Verschlag, aber keinen Empfänger der Gaben.
Die asketischen Eremiten, außerhalb der klösterlichen Geborgenheit lebend, sind die eigentlichen Nachfahren der Ureinsiedler des Athos. Sie setzen eine Tradition fort, die weit zurückreicht bis ins früheste Christentum, als die ersten Anachoreten in die Wüste gingen. Man fragt sich, was das ist, diese totale Verweigerung alles dessen, was den Menschen begehrenswert erscheint, diese wunderliche, kindliche Sucht, einem Zustand zu verfallen, der allem fortschreitenden Denken und Handeln entrückt ist. Die Eremiten genießen auf dem Athos und in der orthodoxen Christenheit die höchste Achtung, manche eine heiligmäßige Verehrung. Ihnen gegenüber schweigen sogar die Eifersüchteleien, die gelegentlich zwischen den Klöstern aufgrund ihrer unterschiedlichen monastischen Lebensart aufkommen.

Kloster der Meghiste Lawra

Die großen Klöster entstanden zwischen dem 10. und dem späten 14. Jahrhundert. Doch von Zeit zu Zeit wurde ihre ursprüngliche Anlage durch Anbauten vergrößert, so daß sich heute um den Klosterhof und nach außen durch wehrhafte Mauern geschützt ein aneinandergeschachtelter

Gebäudekomplex erstreckt, dessen Architektur ziemlich willkürlich gemischt ist. Das gilt besonders für die zudem wiederholt nach Bränden und Zerstörungen erneuerten Gebäude der Meghiste Lawra, des ältesten und ehrwürdigsten Athosklosters. Der Klostername stammt von den frühen Einsiedeleien der »Lawrai«, die der heilige Athanasios durch seine Klostergründung in der Großen Lawra, der Meghiste Lawra, zusammenfaßte. Auf dem Klosterhof steht eine riesige Zypresse, die Athanasios gepflanzt haben soll. Tatsächlich gaben Botaniker der Zypresse ein Alter von gut tausend Jahren.

Aber die Meghiste Lawra ist auch das abgelegenste Kloster. Wer nicht, wie ich es tat, mit dem Boot um die südliche Athosspitze fährt, der würde von Karyes aus gut acht Stunden gehen. Der Wanderer folgt den von Maultieren ausgetretenen Pfaden, die an den südlichen küstennahen Klöstern Iwiron, Philotheou, Karakallou vorüberführen, über waldreiche Höhen, durch Schluchten, verschlungene Talwindungen, dann wieder in Meeresnähe und schließlich im Anblick des Athosgipfels, der aus dem grünen Kranz des Hochwaldes bis zu zweitausend Metern aufsteigt. Der Athos hat seine immergrüne Natur, seine Laub- und Nadelgehölze, seine Kastanien- und Nußbaumwälder, ungemindert erhalten, einen Waldreichtum, der einmal dem ganzen Griechenland zu eigen war.

Von den Klöstern, die ich besuchte, war die Meghiste Lawra das gepflegteste. Aber das Kloster gilt ja als reich, jedenfalls im Verhältnis zu den anderen Klöstern, deren Armut oft an der mangelhaften Sauberkeit ablesbar ist. Zur Begrüßung erhielten wir von einem älteren, sprachenkundigen Mönch einen Raki, einen Löffel süßen Gelees und ein Glas Wasser. Eine verhaltene, aber liebenswürdige Gastfreundschaft umgab uns. Ein paar Tage in der Meghiste Lawra bleiben, das

heißt allerdings mit einer spartanischen Unterkunft und dem Essen der Mönche vorliebnehmen. Zwar gibt es für Gäste reichliche Mahlzeiten und nicht nur den üblichen ungewürzten Bohnenbrei, aber fleischlose Gerichte, vorwiegend gekochtes Gemüse, Tomaten, Knoblauch, Zwiebeln, Fische, Früchte, Brot und Wein.
Bis zur hohen Holzdecke sind die Wände des großen, kreuzförmig angelegten Speisesaales, der Trapeza, mit biblischen Szenen und Heiligenlegenden bemalt. Ein Teil der Fresken stammt vom größten nachbyzantinischen Meister, dem Kreter Theophanes, der im 16. Jahrhundert mit seinen Söhnen auch das Katholikon, die Hauptkirche, ausmalte. Die ausdrucksstarke, mystisch-spirituelle Figuration der kretischen Malerschule sah ich auch in den Wandmalereien der Klöster Stavronikita und Dionysiou. Von dieser kretischen Kunst, die auf dem Athos zur höchsten Entfaltung gelangte, scheint der gebürtige Kreter El Greco gelernt zu haben.
Keines der Athosklöster will Museum sein. Das würde auch kaum zur athonitischen Lebensart passen. Aber für die Mönche der Meghiste Lawra bedeutet es viel, daß der Gründer Athanasios in ihrem Katholikon beigesetzt ist, daß sie die älteste Vita des Heiligen mit einer porträtähnlichen Miniatur aus dem 11. Jahrhundert besitzen. Zu den Schätzen des Klosters gehört eine Ikone des Johannes Theologos aus dem 12. Jahrhundert, gehören weitere kostbare Ikonen, Miniaturen, Reliquien und sogar die goldbestickte Uniform und die mit Edelsteinen besetzte goldene Krone des Nikephoros Phokas, der die Klostergründung unterstützte.
Die lautlos tätige Selbstverwaltung und die traditionelle Aufteilung der Dienste weckten in mir die Vorstellung eines kleinen, geheim gelenkten Stadtstaates. Das gedrungene, massiv ummauerte Eingangstor gleicht eher einem Stadt-

oder Burgtor als einer Klosterpforte. Und gehören nicht zum »Machtbereich« dieses Großklosters mehr Mönchssiedlungen, verstreut auf den südlichen Höhen, mehr Gehöfte, Drei-, Zwei- und Einsiedeleien als zu irgendeinem der anderen Athosklöster? Doch man täusche sich nicht. Trotz der repräsentativen Verwaltung ist die Meghiste Lawra ein idiorrhythmisches Kloster, das innerhalb und außerhalb seiner Mauern eine größtmögliche Freiheit gewährt.
Auch insofern, als vorgegebene Zwänge von Macht und Obrigkeit auf dem Athos nicht gelten, entzieht sich der heilige Berg der Welt. Er ist auf seine Weise Utopia und nimmt weder von außen Gesetze an, noch erläßt er selbst welche. Man könnte vom Versuch einer heiligen Anarchie sprechen. Sie gründet in der Freiheit des Evangeliums, findet hier jedoch ein inneres Gesetz, das keinen Anlaß zur Paradiesschwärmerei gibt, denn es bezieht die menschliche Fehlbarkeit und Schwäche mit ein.

Kloster Dionysiou

Als der Südtiroler Fallmerayer, den manche Partien der Athoslandschaft an sein heimatliches Eisacktal erinnerten, im Oktober 1841 Kloster Dionysiou besuchte, fand er es »verführerisch«, sich hier als Klausner lebenslang einzumieten. Er hielt schon das Angebot in der Hand, wonach ihm »für eine mäßige Summe (1200 rheinische Gulden)«, einmalig zu zahlen, wöchentlich eine zureichende Menge »an Brot, Wein, Mehl, Hülsenfrucht, getrocknetem Fisch, Oliven, Licht, Feuerung und anderer Notdurft für mich und meinen Begleiter« vom Klostervorrat geliefert worden wäre. Es blieb bei der Absicht, und ich fürchte, dem Wunsche lagen romantische Vorstellungen zugrunde, die ja leicht aufkommen, wenn man, wie Fallmerayer, die Wald- und Felseneinsamkeit gegen die weltliche Geschäftigkeit hält. Das Felsenkloster Dionysiou liegt auf der Westseite der Halbinsel, ist daher vom Hafen Daphni günstiger mit dem Boot als auf dem ufernahen Landweg zu erreichen. Nur wer vom Meer kommend in der kieseligen Bucht an Land geht, sieht das Kloster in seiner schönsten, schwindelerregenden Lage hoch oben auf dem kirchturmhohen Felsen, die überhängenden Erkerfronten nach unten durch Schrägbalken abgestützt, ein einzigartiger Anblick. Zutreffend erinnerte der Athoswanderer Erhart Kästner an tibetanische Felsenklöster, nannte er Dionysiou den »allermerkwürdigsten Bau unter so vielen merkwürdigen athonitischen Bauten«.

Oben angelangt, versteht man sehr wohl, daß Dionysiou zum Bleiben reizt. Umgeben von grünen Terrassen, von Waldhügeln, Schluchten und Felsen ein dichtgedrängter Klosterkomplex. Freundlich einladend liegen die hellen, ockerfarbenen Gebäude, die grauen Schieferdächer im Licht, der zinnengekrönte Wachtturm, das altrotfarbene Katholikon mit seinen Kuppeltürmchen. In der Kirche, an den Wänden des Speisesaales rundum biblische Fresken, die bildgewordenen Visionen des Evangelisten Johannes. Seine auf der Insel Patmos niedergeschriebene Geheime Offenbarung, erfüllt von den Schrecken der Endzeit, vom letzten Weltgericht und der Aufrichtung des Gottesreiches, leitet wie keine andere der heiligen Schriften die Glaubensvorstellungen der Athosmönche.

Aus den Fenstern der Gästewohnungen, die wir leer fanden, blickten wir über den Golf hinüber auf den dunkelbewaldeten Bergrücken der Halbinsel Sithonia, auf das ferne Hochland der Chalkidike und nach Süden auf den nahegelegenen Athosberg.

Auch der Klostermantel von Dionysiou ist den Mönchen zu weit geworden. Noch keine vierzig Mönche leben in den

Gebäuden, die einmal mehrere hundert aufnahmen. Nicht anders wie in der Meghiste Lawra erfuhren wir ihre herzliche Gastfreundschaft. Hier machte, so schien es uns, das asketische Leben in der Abgeschiedenheit, der mangelnde Kontakt mit der Außenwelt die Mönche zu wohlwollenden Gastgebern. Doch das mag zuzeiten anders sein; Kazantzakis schildert eindringlich, wie er als junger Mann den Welthaß der Mönche von Dionysiou zu spüren bekam.

Obwohl das Felsenkloster, in den sechziger Jahren des 14. Jahrhunderts gegründet, zu den letztgebauten Klöstern zählt, gilt es als strengstes der koinobitischen Observanz. Die Abtötung des eigenen Wollens, das Sich-Beugen unter die Klosterdisziplin vollziehen sich hier im Verzicht auch auf die letzten kleinen Freiheiten und Annehmlichkeiten, die in den idiorrhythmischen Klöstern möglich sind. Der harte Buß- und Gebetsdienst duldet keine Ausnahme. Die menschlichen Bedürfnisse an Schlaf und Nahrung sind auf ein kaum unterschreitbares Minimum reduziert. An den zahlreichen Fasttagen wird die ohnedies karge vegetarische Kost noch einmal gekürzt und auf wenige Speisen eingeschränkt.

Acht Stunden des Tages und der Nacht, vor allem der Nacht, dienen der gemeinsamen Liturgie, dem Beten, Psalmodieren und Meditieren der Kommunität. Der Gast hört, wenn in der Nacht dreimal ein Mönch mit dem Simantron, dem Schlagbalken, durch die Gänge geht und seine Hammerschläge die Mitbrüder zum Gebetsdienst rufen. Schweigend verlassen die Mönche ihre Zellen, gehen sie die Treppen hinunter, über den Klosterhof, um in der dürftig erhellten Kapelle die Horen zu beten. Und dies in jeder Nacht jahraus, jahrein.

Die asketische Härte dieses durch die Jahrhunderte sich wiederholenden, selbstgewählten, konsequent dem Verzicht ausgelieferten Leben macht auch den Außenstehenden betroffen. So reagierte der für die Naturschönheit des Athos so empfängliche Fallmerayer, nachdem er die strengste Buß- und Gebetsgemeinschaft des Athos kennengelernt hatte, mit der Bemerkung, die Mönche von Dionysiou »könnten sogar einen Spötter zur Achtung zwingen«.

Von der Welt abgelöst

Die Abwehr, die Geringschätzung, die ich bei meinem ersten Klosterbesuch zu bemerken glaubte, entsprang möglicherweise dem Selbstschutzbedürfnis der Mönche gegenüber der zudringlichen Neugier. Auch die von Kazantzakis geschilderte quälende Misanthropie, der Menschenhaß, der ihm einmal entgegenschlug, war Ausnahme und widerspricht dem üblichen Verhalten der Athosmönche. Viel öfter erfuhr Kazantzakis, erfuhren andere Athosbesucher die offene, gelöste Freundlichkeit der Mönche. Allerdings, so schien es uns, macht das der Welt entrückte, auf die geringsten Bedürfnisse zurückgenommene Leben empfindlich gegenüber Fremden, gegenüber Neugier und Unverstand.
Man braucht nicht lange, um zu erfahren, daß die Zurücknahme, im wörtlichen Sinne die Einfalt, sehr einfache, gefühlsbetonte Reaktionen auslöst. Doch unter den vielen Merkwürdigkeiten des Athos vermittelt genau das Gegenteil von vermeintlich asketischer Düsternis und Freudlosigkeit, nämlich die Gelöstheit und eine leicht entzündbare kindliche Freude den stärksten Eindruck. Ähnlich verhielten sich Franziskus von Assisi und seine Gefährten, wie es in den Berichten der »Fioretti« nachzulesen ist. Für die Mönche wie für Franziskus gründet die kindlich-ergriffene Freude, man kann sagen die Beatitudo, die Glückseligkeit, in der Gewißheit und umfassenden Wirklichkeit des Evangeliums.
Alles, die ganze Beziehungsvielfalt des Lebens, der Umwelt, der Natur gewinnt in den Augen der Mönche eine einfache

Ausrichtung auf das eine Ziel, ihren archimedischen Punkt, von dem aus sie »die Welt aus den Angeln heben«. »Wann werde auch ich Gott sehen?«, fragte Kazantzakis den Pater Philemon. »Nichts leichter als das«, antwortete er, »öffne deine Augen, so wirst du ihn sehen.« Auf dem Weg von der Skiti der Haghia Anna hinauf nach Katunakia fragte ein anderer Athospilger einen siebzigjährigen Einsiedlermönch, der seit vierzig Jahren südlich des Athosgipfels lebte und der noch rüstig ausschritt: »Bist du glücklich?« Der alte Einsiedler reagierte lebhaft. Er hob den Arm, zeigte auf sein Lebensrevier und gab die denkbar einfache Antwort: »Hier ist der Frieden der Seele, das kannst du mir glauben, denn ich kenne die Welt, die du kennst, und ich kenne, was hier ist und was du nicht kennst: habe ich also nicht den Vergleich?«
Abgelöst von der Welt leben, in dieser monastischen Utopia, das widerspricht ganz und gar den Lebensgewohnheiten nach der Maßgabe von Leistung, Fortschrittsdenken, Erfolgsstreben und Selbstverwirklichung im Beruf, widerspricht allem, was dem Sich-Einrichten und Vorankommen in dieser Welt dient. Solchen Vorstellungen, auf die Mehrung der Güter für den einzelnen wie für die Sozietät gerichtet, verweigern sich die Mönche und wählen die absolute Armut.
Sie gehen einen Schritt weiter, indem ihr Verzicht nicht nur auf die materielle, sondern ebenso auf die geistige Armut zielt. Was in den traditionellen römisch-katholischen Klostergemeinschaften selbstverständlich erscheint: Studium, Umgang mit Büchern, wissenschaftliche Gelehrsamkeit, kulturelle und bildende Aktivität, das alles bedeutet den Athosmönchen nicht viel. Eher sehen sie im Bildungsstreben, in der Neugier des Ergründen- und Wissenwollens eine Anmaßung, eine Überheblichkeit, abwegig für ihr von der Welt gelöstes und in die passive Askese zurückgenommenes Leben. Sie sprechen selbst von ihrer Unbildung und Igno-

ranz. Aber sie fügen hinzu, »Gott fragt am letzten Gerichtstage den Menschen nicht, was er gelernt, sondern wie er gehandelt hat«.

Man mag die Athosmönche aus religiösen oder menschlichen Gründen bewundern, man mag ihre Lebensart aus anderer Sicht als unverständlich, kurios, untauglich für die Notwendigkeiten dieser Welt ablehnen. Nur eines kann man den Mönchen nicht nachsagen, daß sie jemals versucht hätten, ihre Vorstellungen nach außen zu tragen. Sie haben niemals missioniert. Und sie wissen selbst, daß ihre auf dem Athos gelebte Askese und evangelische Freiheit nicht übertragbar sind. »Nein, musterhaft, das will man auf dem Athos auf keinen Fall sein«, schreibt der Athoskenner Erhart Kästner. »Man liebt nicht den Lehrsatz, den Grundsatz und nicht die eifervolle Doktrin. Auch dessen enthält sich der Berg, die Welt einzurichten, Gesetze zu geben und Glaubens-Sätze zu machen. Keine Vorschrift, keine Überzeugung, keine Wissenschaft. Nicht einmal eigentlich Theologie. Ergriffenheit, keine Hochmutbegriffe. Tiefe Stille in dieser immer und immer redenden, immer auf etwas bedachten, gewillten, immerzu handelnden Welt.«

Stätte der Glückseligkeit

Byzanz-Konstantinopel-Istanbul

And therefore I have sailed the seas and come
To the holy city of Byzantium.

Und darum segelte ich über Meere, kam ich
Zu der heilgen Stadt Byzantium.

William Butler Yeats

Als ich das erstemal in Istanbul war und am späten Abend über die Galatabrücke zum Schiff zurückkehrte, lief mir ein kleiner, älterer Mann nach. Er war mir schon vorher aufgefallen, in einer Lokanta am Hafen, wo wir einen letzten Raki tranken und er mit hochgezogener Stirn vor dem Tavla, dem geliebten Brettspiel, saß. Er saß breitbeinig vor dem kniehohen Spieltisch seinem schnauzbärtigen Partner gegenüber, rauchte weltvergessen die Nargileh, die Wasserpfeife, nichts als Ruhe, Wohlbefinden, gelassene Aufmerksamkeit verkörpernd. Auf der Galatabrücke holte er mich ein und hielt mir einen abgegriffenen, mit Namen vollgekritzelten Zettel vor die Augen. Mit nun äußerst lebhaften Armbewegungen bat er mich, meinen Namen dazuzuschreiben. Ich fragte ihn, wozu das gut sei, und er sagte ohne Zögern, es bringe Glück. Er bekam meinen Namen und verschwand sogleich, nach einem kurzen Grußwort, unter den Passanten. Später fiel mir ein, daß ich versäumt hatte, danach zu fragen, wem das Namenschreiben Glück bringe, dem Schreiber oder dem Sammler.

Das Volk nannte Istanbul »Stätte der Glückseligkeit – Dar el-Saadat«. Was heißt das, eine »Stätte der Glückseligkeit«? Wörtlich genommen, eine Stätte, an der die Menschen sich wohl fühlen, wo sie glücklich sind oder, wie es auch heißt, wo sie einen Vorgeschmack des Himmels oder des Paradieses verkosten. Oft wurde die menschenfreundliche Atmosphäre Istanbuls gerühmt. Noch immer sind in der alten Stadt Legenden und Märchen aus Tausendundeiner Nacht heimisch, wenn auch allein durch die Erinnerung beständig. Und noch immer sind die alten Moscheen, deren große Kuppeln die sieben Hügel der Stadt überwölben, sind die bleistiftspitzen Minarette die Wahrzeichen Istanbuls.

Es ist ein Fest für die Augen, wenn der mit dem Schiff Anreisende zum erstenmal die gehügelte Stadt wahrnimmt, wenn im gleißenden Sonnenlicht Kuppeln, Türme und Dächer Konturen gewinnen. Das Schiff, das – begleitet von den Delphinen des Marmarameers – den unteren Bosporus erreicht, schwenkt nach backbord in die schmalere Bucht des Goldenen Horns, umrundet die Landspitze mit dem Palast der Sultane, dem Topkapi Saray, und der hochgewölbten Kirche der Heiligen Weisheit, der Hagia Sophia. Beiderseits des Goldenen Horns erstreckt sich die europäische Stadt, zur Linken das märchenhafte Stambul der Kaiser und Sultane und gegenüberliegend die Hafenviertel von Galata, hügelaufwärts die Wohnviertel der wachsenden Neustadt.

Die asiatischen Vororte liegen jenseits des Bosporus, dessen nach Norden strömende Wasser Europa und Asien trennen. Aber der eurasische Brückenschlag, den schon der persische Feldherr Xerxes erträumte, wurde Wirklichkeit. Seit dem Oktober des Jahres 1973 überspannt die Bosporusbrücke mit ihrer anmutig schwingenden Silhouette die Wasserstraße. Nun ist die Stadt an der Grenze Europas wahrhaftig die einzige Stadt der Welt, die zwei Kontinente verbindet. Dieses unvergleichliche Zusammentreffen zweier Welten, von Westen und Osten, von Norden und Süden, von Islam und Christentum bestimmt den Lebensrhythmus Istanbuls.

Der Ankömmling, der über die Galatabrücke in die Innenstadt gelangt, sieht sich einem bunten, verwirrenden Durcheinander ausgesetzt. Alle Gegensätze eines heißblütigen, oft überhitzten Stadtlebens stoßen hart aneinander. Verkehrschaos auf den Straßen und Gebetsstille in den Moscheen. Lärmende Straßenhändler und die lethargische Weltflucht eines Rauchers oder Rakitrinkers in einem Lokalwinkel. Elend in den verschmutzten Gassen und protzender Reichtum in Luxusrestaurants. Armselig verhuschte Gestalten in Lumpen und elegant gekleidete junge Frauen, die selbstsicher wie auf irgendeinem großstädtischen Boulevard ihre Einkäufe tätigen. Märchenerzähler und Briefeschreiber an jeder Gassenecke gehören der Vergangenheit an. Wie anderswo in Europa fordern die Studenten der Universität, die Industrie- und Hafenarbeiter ihre Rechte.

Man begegnet noch den Limonadenverkäufern, Lastträgern und anatolischen Bäuerinnen mit schwarzem Kopftuch oder Landleuten mit bunten Beinkleidern.

Aber längst hat der Hut den türkischen Fez abgelöst, gehen die Alten wie die Jungen nach westlicher Mode gekleidet. In den Diskotheken von Beyoğlu, auf den Boulevards des alten Stambul bewegen sich hübsche junge Istanbulerinnen so selbstbewußt und ungezwungen, als hätte es nie die Sklavinnenmoral des Koran gegeben.

In Istanbul fiel mir auf, wie schwer es ist, Worte zu finden für das pulsierende Leben, für das Disparate wechselnder Eindrücke, für etwas, das man doch nur leibhaft erfahren kann, mit allen Sinnen, schmeckend, riechend, sehend, hörend und gehend. Man mißtraue den touristischen Robotern. Ihren rasch gelernten Daten und Standardthemen entzieht sich die Stadt, nicht anders, wie sich manche der Einheimischen in den engen Gassen dem aufdringlichen Blick der Fremden entziehen, indem sie lautlos davonhuschen oder in einem der dunklen Hauseingänge verschwinden. Mehr erfährt, wer einfach durch die Gassen geht, hinauf zum Großen Basar, dem Kapali Çarşi (den man zu Fuß schneller erreicht als mit dem Taxi), wer in den Bus nach Edirnekapi steigt, wer irgendwo einkehrt, einen Türk kahvesi oder nach Sonnenuntergang einen Raki zu trinken. Unversehens befindet er sich in der Gesellschaft liebenswürdiger und freigebiger Leute.

Der Fremde fährt besser, wenn er die vorgeprägten Bilder vergißt und seinen Augen und Ohren traut, für den Anfang. In Istanbul sah und hörte ich, wie die verwirrende Vielgesichtigkeit der Stadt die natürlichsten Formen des menschlichen Zusammenlebens vereint. Mit jedem Ausblick wechselt das Istanbuler Kaleidoskop, ob man vom Galataturm hinüber nach Stambul blickt, ob man auf dem Saray-Hügel oder der historischen Stadtmauer steht oder vom Eyüp-Hügel das Goldene Horn mit den bedrängend dicht bebauten Ufern überblickt. Jeder Gang, jede Fahrt von Stadtteil zu Stadtteil erschließt eine andere Welt, geprägt von den Launen und Zufällen der Geschichte. Auf und neben den Ruinen der Vergangenheit entstanden unverdrossen neue Häuser, entfaltete sich neues Leben.

In der seit der türkischen Eroberung im 15. Jahrhundert freizügig gewachsenen Stadt scheiterte bisher jede planvolle Bebauung. Bis heute gibt es keinen einheitlichen Bebauungsplan, wie es bis zum Beginn dieses Jahrhunderts keine zentrale Stadtverwaltung gab. Die Probleme des städtischen Bauens werden von Fall zu Fall oder innerhalb der Bezirke gelöst. Im Planungsbereich Istanbuls reiben sich am augenfälligsten die Gegensätze zwischen dem östlichen Lebensgefühl und dem rationaleren westlichen Denken. Noch ist kein Rezept gefunden, wie das alte Stambul zwischen Topkapi Saray und der großartigen Stadtmauer des Kaisers Theodosius II. den modernen Erfordernissen angepaßt werden könnte, ohne das Gewordene und Vertraute, die zahllosen Denkmäler zweier Kulturen zu beschädigen oder zu zerstören.

Im herkömmlichen Stadtbild setzten allein die weiträumigen Moscheenkomplexe die städtebaulichen Akzente. Die Moscheen waren ja nicht nur Orte des Gebets, sondern ebenso Mittelpunkte der politischen, kommunalen oder sozialen Aktivität. Rund um die von der höchsten Kuppel überwölbte Gebetshalle scharte sich ein Kranz von Anbauten und Höfen, von Schulen, Wohnheimen, Bädern, Armenküchen und Krankenhäusern. Die freigebige Gunst der Stifter, der Sultane und hoher Persönlichkeiten entsprach der islamischen Gesinnung, wonach nur das Stiften und Schenken den Wohlstand der Reichen vor Allah und den Mitmenschen rechtfertigt. Diese durch den Islam gebotene Ausrichtung auf das praktische und soziale Leben trug dazu bei, eine menschenfreundliche Atmosphäre zu schaffen. Doch die absolute Abhängigkeit von der Gunst des Sultans und der wenigen Reichen hatte ihre Kehrseite. Die Menschenfreundlichkeit endete, wenn Macht und Reichtum umschlugen in Willkür und Despotie.

Zur Zeit der byzantinischen Kaiser war die Stadt großzügig angelegt, nach römischem Vorbild gegliedert durch breite Straßen und offene Plätze, von denen das Hippodrom erhalten ist. Und noch heute bewundern wir die monumentalen Arkaden des Aquädukts, den Kaiser Valens im 4. Jahrhundert zur Wasserversorgung in der gehügelten Stadt errichten ließ.

Ordnung, Symmetrie, Organisierung des städtischen Zusammenlebens, das war römisches Erbe. Brot und Spiele. Eine vorbildliche Wasserversorgung und die Pferderennbahn, das Hippodrom, nicht weit von der altehrwürdigen Hagia Sophia. Kein Fest, keine Krönung in der Hagia Sophia ohne die anschließenden Wagenrennen. Wer, der heute über den Schutt der Jahrhunderte geht, denkt daran, daß in dieser europäischen Grenzstadt das kostbarste Erbe der Römer, das römische Recht, kodifiziert und der Welt erhalten wurde? Der oströmische Kaiser Justinian schuf mit seiner Zusammenfassung der römischen Rechtsüberlieferung die Grundlage des abendländischen Rechts, das Corpus iuris civilis.

Mit den Türken drang ein völlig anderes Lebensgefühl in die Stadt, das in der nomadenhaften Tradition der Eroberer gründet. Sie improvisierten, überließen das städtische Reglement der Gunst und den Bedürfnissen des Augenblicks, sofern dies mit den Geboten des Islams übereinstimmte und die persönlichen Interessen des Sultans nicht störte. Neben den Moscheenkomplexen setzte ein planloses Bauen ein. Die Wohlhabenden beschlagnahmten Plätze und Gärten zum Bau ihrer kunstvoll verzierten Konaks. Die Ärmeren errichteten dicht aneinander ihre leichten, notfalls schnell ersetzbaren Holzhäuser. Alte Gravuren zeigen, daß auf dem heute wieder freien Platz vor der Hagia Sophia bis zur Eingangspforte niedrige Holzhäuser standen. Von den großen Plätzen blieb nur das Hippodrom unbebaut. Aus den Prachtstraßen der Kaiserzeit wurden schmale, verwinkelte Gassen, gerade gut für Reit- und Lasttiere, denn Wagen fuhren kaum in der türkischen Stadt. Noch in der Mitte des 19. Jahrhunderts galt ein befahrbarer Straßenzug als Besonderheit.

Am ehesten bewahren die Basare etwas von der Atmosphäre der orientalischen Stadt, vor allem der Große Basar, der überdachte Kapali Çarşi. Mitten im alten Stambul eine kleine Stadt für sich, deren kreuz- und querlaufende, immer dämmerige Gassen von rund dreieinhalbtausend Verkaufsläden gesäumt sind. Es wimmelt in diesem unentwegt surrenden Bienenkorb von Tätigen und Untätigen, von Schaulustigen und wortreich Handelnden, von Lastträgern mit riesigen Paketen oder Baumwollballen auf dem Buckel, von kleinen flinken Laufjungen, Mokka-Trinkern, geschwätzigen Leuten

oder weltverloren Meditierenden, die mit untergeschlagenen Beinen auf einem Teppich hocken.
Der unkundige Fremde verirrt sich garantiert, denn das mit bunten und glitzernden Schätzen vollgestopfte Labyrinth lockt zum Schauen und Weitergehen. Aber das macht nichts und endet harmloser als das Angebot eines Schleppers. Man findet im Basar genug Lokale und Cafés, dazu Informationsstellen und drei Polizeistationen. Und noch wird der schöne Brauch gepflegt, dem möglichen Kunden zur Erfrischung eine Schale Mokka anzubieten.
Wer sich fest vornimmt, nichts zu kaufen, hält nach zwei, drei Stunden schließlich doch eine Nomadentasche oder einen ziselierten Silberbecher oder auch nur einen aus Ziegenleder geschnittenen, bemalten Hodscha in den Händen. Es heißt, der erste Kunde am Morgen bringe Glück, weshalb ihn die besten Angebote erwarten. Aber Handeln gehört zum Spiel, zumal bei Teppichen, Antiquitäten, Lederzeug, Gold-, Silber- und Metallwaren. Wer nicht mithält, kann nach allen Regeln der Kunst übers Ohr gehauen werden.
Jeder weiß oder sieht, daß der Talmiglanz überwiegt, die Fabrikware für die nach Souvenirs spähenden Touristen. Seltene, exotische Stücke sind rar, wie die Gewerbe der Turbanmacher oder Reiherbuschbinder der Vergangenheit angehören. Aber noch betreiben die Teppichflicker und Steppdeckennäher ihr Handwerk, fertigen die Gold- und Silberschmiede Berge von Armreifen mit den schönsten arabischen Mustern an. Unter den vielen Talmiwaren entdeckt man unerwartet eine entzückende Emailarbeit oder eine anatolische Baumwollschärpe, Seiden- und Baumwollstoffe, deren farbige, jahrhundertealte Muster das Auge erfreuen. Und noch bietet die Versteigerung von Teppichen, Antiquitäten, Schmuck und Möbeln im Sandal Bedesten, jeden Montag- und Donnerstagmittag beginnend, ein höchst

sehenswertes Schauspiel. Was wäre Istanbul ohne die magische Anziehungskraft seines Großen Basars?
Keine zweite europäische Stadt regt unsere Einbildungskraft mehr an. Ein unerschöpfliches Spiel der Phantasie wird animiert und gereizt, springt aus den Gleisen des genormten Denkens, erweckt abgrundtiefe Märchenwirklichkeiten oder legendäre Vorgänge zum Leben. Was immer die Augen und Ohren, alle Sinne, aufnehmen, verlockt zu dieser Grenzüberschreitung. Wir erfahren das in der dämmerigen Warenhöhle des Basars, in der gesammelten Stille einer Moschee, beim Ausblick auf die um Istanbul geschlungenen Wassergirlanden, beim Blick auf die hügelauf, hügelab aneinander gedrängten, mitunter übereinander gesetzten Häuser.
Unsere Phantasie gerät in Bewegung beim Anblick der geschichtlichen Überlagerungen, die noch in brüchigen Mauern, in angebrannten oder abgeschlagenen Säulen, in allen ruinösen Relikten ungemein beredt sind. Alles Zugebrachte, Aufgezwungene, willig oder widerstrebend Adaptierte wurde eingeschmolzen in die eigene Lebenswelt Istanbuls, bis es dazugehörte, unverwechselbar im fortdauernden Prozeß der Selbsterkenntnis. Kein Menschenort, keine Stadt ist voraussetzungslos da, am allerwenigsten Istanbul. Der geschichtlich gewachsene Prozeß spiegelt sich in den Namen der Stadt, die ja noch heute gebräuchlich sind: Byzanz – Konstantinopel – Istanbul.
Dorische Kolonisten aus Megara, die im Jahre 667 v. Chr. auf der Landspitze eine Siedlung gründeten, nannten den Ort nach ihrem Anführer Byzas *Byzantion.* Auch das Symbol des Halbmonds stammt aus der legendären Frühzeit, mithin eines der ältesten Wappenzeichen der Welt. Als Philipp von Makedonien 340 v. Chr. Byzantion belagerte, leuchtete in der Nacht zwischen den Wolken die Mondsichel auf, das Zeichen der von den Byzantinern verehrten Göttin Hekate. Die

Byzantiner folgten dem Himmelszeichen, griffen zu den Waffen und schlugen die Makedonier. Aus Dankbarkeit prägten sie auf ihre Münzen den Halbmond und machten ihn zu ihrem Stadtzeichen.
Waren die ersten Jahrhunderte der rasch wachsenden Handelsstadt am Bosporus griechisch-byzantinisch bestimmt, so drangen seit der Eroberung durch die Römer im 2. Jahrhundert zunehmend römische Elemente in die Stadt. Kaiser Konstantin I. machte Byzantion, nachdem er die Alleinherrschaft im Römischen Reich errungen hatte, im Jahre 330 zum Mittelpunkt seines Weltreichs, zur Nova Roma, zum Neuen Rom. Seither trägt die römische Metropole den Namen des Kaisers: *Constantinopolis,* Konstantinopel.
Den dritten Namen gaben die türkischen Eroberer der Stadt, als 1453 mit Mehmet Fatih in Konstantinopel die osmanische Herrschaft, die Zeit der Sultane, begann. Es ist kurios, daß der Name Istanbul, aus der Zusammenziehung von *eis tan polin* (hinein in die Stadt) entstanden, nicht türkischer, sondern griechischer Herkunft ist. Als noch merkwürdiger erweisen sich die durch die Namen verbürgten Überlagerungen. Konstantinopel konnte Byzanz nicht verdrängen. Unter den oströmischen Kaisern erst entfaltete sich das, was damals wie heute byzantinisch oder Byzantinismus genannt wurde. Die Türken, die von der Kuppelspitze der Hagia Sophia das Kreuz herabholten und den Halbmond aufsetzten, brachten damit das byzantinische Stadtzeichen zu Ehren. Istanbul konnte Konstantinopel nicht verdrängen. Beide Namen, offiziell der Kaisername, waren gebräuchlich bis in unser Jahrhundert, bis Kemal Atatürk, der Begründer der modernen Türkei, im Jahre 1923 die türkische Hauptstadt nach Ankara verlegte.
Byzanz – Konstantinopel – Istanbul, heute offiziell Istanbul, wurde als Hauptstadt abgewählt, aber beileibe nicht als Stadt,

deren lebendige Tradition, deren geopolitische Schlüssellage am Bosporus, deren ungebrochene Vitalität es zuließe, dem geruhsamen Altenteil verschrieben zu sein.

Konstantin und das Neue Rom

Wer war Konstantin? Was kümmert uns das Vergangene »hinten weit in der Türkei«? Der Fremde, der üblicherweise als Tourist nach Istanbul kommt, hat genug zu tun, zwischen Morgen und Abend die andrängenden Bilder und Eindrücke aufzunehmen. Allenfalls berührt ihn die Geschichte als Hilfsmittel, um Plätze und Denkmäler einzuordnen. Wer heute über den freien Platz des Hippodroms geht, wer vor der Schlangensäule steht, wird daran erinnert, daß hier, im Zentrum der antiken und byzantinischen Stadt, Kaiser Konstantin I. am 11. Mai 330 das Neue Rom weihte und zur Hauptstadt des Römischen Weltreichs machte. Das ist gut zu wissen. Aber es genügt nicht, um mehr als ein flüchtiges Interesse zu wecken.
Was vor sechzehnhundert Jahren in Byzanz-Konstantinopel geschah, bestimmte für ein Jahrtausend den Gang der europäischen Geschichte und wirkt bis in die Neuzeit nach. Europa, wie wir es kennen, wäre nicht geworden ohne Konstantins Nova Roma am Bosporus. Nicht nur, weil Konstantinopel als Schutzwall über elfhundert Jahre den Ansturm der Völker des Orients abwehrte und somit den Freiraum zur Entfaltung der westlichen Staaten sicherte. Konstantinopel wurde geradezu zum Sammelort der griechischen, römischen und der jungen christlichen Überlieferung, während im Westen die römische Epoche zum Sterben verurteilt war.
Es mag dahingestellt sein, ob Konstantin der Große im vollen Bewußtsein eines weltbewegenden Wandlungsprozesses

handelte. Jedenfalls hat er, als Alleinherrscher nach seinem Sieg über den Ostkaiser Licinius, in kluger Vorausschau die Bedeutung und die Schlüssellage der Stadt am Bosporus erkannt.

Sichtbar vollzog sich die Ablösung Roms durch den großzügigen Ausbau der neuen Hauptstadt nach römischem Vorbild. Neben der Akropolis, auf deren Fundamenten später Topkapi Saray errichtet wurde, ließ Konstantin den Kaiserpalast und das Forum Augusteion bauen. Über viele Jahre war Konstantinopel eine einzige Baustelle. Steuerbefreiung und kostenlose Brotzuteilungen förderten die Baulust auch der weniger Reichen. Mit allen Mitteln lockte Konstantin Architekten und Bauherren in die Kaiserstadt. Zur Ausschmückung der Plätze und Staatsbauten ließ er die schönsten Kunstwerke aus Rom und Griechenland herbeiholen. In vier oder fünf Jahren vollzog sich eine der größten Kunstraubaktionen der abendländischen Geschichte.

Das Konstantinsforum schmückte eine prächtige Porphyrsäule aus Rom, die das vergoldete Standbild des Kaisers trug. Nur die Säule blieb erhalten und wird wegen ihrer Feuerbeschädigung die Verbrannte Säule genannt. Im erneuerten und vergrößerten Hippodrom wurde die sogenannte Schlangensäule aufgestellt. Sie stand ursprünglich im Apollotempel von Delphi. Das Hippodrom erhielt ein weiteres aus Rom geraubtes Kunstwerk: die vier vergoldeten Bronze-Pferde aus dem ersten Jahrhundert, die heute zu den bewundernswerten Kunstschätzen Venedigs zählen. Dem einen Kunstraub folgte ein anderer. Die berühmte Pferde-Quadriga wurde nach der Eroberung Konstantinopels 1204 von den Venezianern entführt und erhielt ihren Standort, zwar sinnwidrig, aber repräsentativ, über dem Eingangsportal von San Marco.

Obwohl Konstantin erst auf dem Sterbebett die Taufe

empfing, war er ein Anhänger der jungen Christenkirche – seit seinem legendären Sieg vor Rom (312), als ihm, wie es heißt, das Zeichen des Kreuzes erschienen war: *In hoc signo vinces* – In diesem Zeichen wirst du siegen.

In der noch toleranten religiösen Atmosphäre Konstantinopels entstanden neben den Tempeln der römischen und griechischen Gottheiten zahlreiche christliche Kirchen. Sicherlich war auch nüchterne politische Berechnung im Spiel, wenn Konstantin seinen Gesetzen christliche Vorstellungen zugrunde legte, wenn er der christlichen Staatsreligion den Weg ebnete. Die Götterkulte hatten längst ihre staatstragende Kraft eingebüßt. Als Nichtgetaufter berief Konstantin das erste ökumenische Konzil nach Nicaea, auf dem unter seinem Vorsitz das christliche Glaubensbekenntnis formuliert wurde. Der Kaiser, dessen Porträtbüste ein Gesicht mit weit geöffneten Augen, fleischiger Nase, energischem Mund und Kinn zeigt, besaß offenbar eine robuste Natur und unbedingte politische Zielstrebigkeit.

Aber die Bevölkerung der Kaiserstadt nahm den Christenglauben mit ungewöhnlichem Eifer auf. Keine andere Großstadt des Römischen Reiches konnte sich in weniger Jahren christlich nennen als Konstantinopel. Nicht nur Theologen, sondern die einfachen Leute beschäftigten sich mit theologischen Fragen, die uns heute höchst kompliziert erscheinen. Kaum vierzig Jahre nach dem Tod Konstantins (337) berichtet Gregor von Nyssa, wie stark das Volk von Konstantinopel vom theologischen Fieber ergriffen war: »Menschen, die gestern noch Schneiderei und Schusterei betrieben, sind heute plötzlich Theologen. In den Säulengängen, auf den Märkten, überall trifft man sie. Fragst du jemanden, was der Laib Brot kostet, so antwortet er: ›Der Vater ist größer als der Sohn!‹ Sagst du: ›Ich brauche einen Badetrog‹, so versichert er dir: ›Der Sohn ist aus Nichts

geschaffen.‹ Beim Geldwechseln redet er von ›gezeugt‹ und ›ungezeugt‹.«
Konstantins Nova Roma wurde zum Kristallisationspunkt einer neuen Welt, die gleichwohl das antike Kulturerbe, die griechische Literatur, die römische Staatsgesinnung, das römische Recht bewahrte.

Justinian und die Hagia Sophia

Zwei Jahrhunderte nach Konstantin vollendete Justinian I., was sein großer kaiserlicher Vorgänger eingeleitet hatte. Unter Justinian, wie Konstantin »der Große« genannt, wurde Konstantinopel zur beherrschenden Weltstadt, erlangte das Imperium seine größte Ausdehnung, vom Euphrat bis zum Nil und zu den Säulen des Herkules. Unter Justinian, im 6. Jahrhundert, vollendete sich der Einschmelzungsprozeß griechisch-römischer und orientalischer Elemente in das neue christliche Weltbild, aus dem die byzantinische Kultur hervorging.
Der Kaiser, der *Basileus,* bediente sich des orientalischen Hofzeremoniells. Er ließ, unter seiner Mitwirkung, in fünfjähriger mühsamer Arbeit die gesamte römische Rechtsüberlieferung, das Vermächtnis Roms, sammeln und kodifizieren. Justinian krönte sein Lebenswerk, indem er seiner Kaiserstadt das Herz gab, die Hagia Sophia, die schönste und ehrwürdigste Kirche der frühen Christenheit, deren eindrucksvolle Struktur noch heute, nach einem und einem halben Jahrtausend, Staunen und Bewunderung auslöst.
Im Bogenfeld über dem südlichen Portal der Vorhalle wurde 1933 ein Mosaik freigelegt, das die Türken übermalt hatten. Es zeigt die thronende Madonna mit dem Kind, zur Linken Justinian mit dem Modell der Hagia Sophia, zur Rechten Konstantin mit dem Modell der Kaiserstadt. Trotz der

verblaßten Farben, in der einfachen Gestik und bildhaften Zuordnung ein vollkommenes Zeugnis der byzantinischen Kunst. Das Mosaikbild, im 10. Jahrhundert entstanden, kann keine Porträtähnlichkeit beanspruchen. Aber wir kennen zeitgenössische Bildnisse Justinians aus den Mosaiken von San Vitale und Sant' Apollinare Nuovo in Ravenna, wie ja überhaupt Ravenna die größten Schätze der byzantinischen Mosaikkunst bewahrt.

Im Mosaik von San Vitale bringt Justinian, umgeben von Hofleuten, der Kirche eine Gabenschale. So hat der Künstler Justinian bei festlichen Anlässen gesehen: in würdevoller, fast schreitender Haltung, über dem kaiserlichen Ornat ein bartloses, lebhaftes, kluges Gesicht. Der Vorgang wiederholt sich im Gegenbild. Aus der Gruppe ihrer Hofdamen herausragend die Kaiserin Theodora, ein schmales, feines Gesicht, umrahmt von einem herrlichen Schmuckgehänge.

Es spricht für Justinian, daß er als Vierzigjähriger gegen die Hofetikette seine Geliebte geheiratet hat. Theodora war Schauspielerin, die Tochter eines syrischen Bärenwärters. Alle Zeugnisse, trotz eines klatschsüchtigen Pamphlets des Geschichtsschreibers Prokop, vermitteln das Bild einer nicht nur schönen, sondern wahrhaft großen Frau, gebildet, gläubig, bedacht und mutig entscheidend, an Charakterfestigkeit ihren Mann übertreffend.

Zehn Jahre nach Justinians Regierungsantritt und fünf Jahre nach dem Baubeginn wurde am Stephanstag 537 die Hagia Sophia, die Kirche der Heiligen Weisheit, eingeweiht. Der zeitgenössische Prokop nannte sie »ausgezeichnet durch aller Beschreibung spottende Schönheit, überragend in ihrer Größe wie in der Harmonie ihrer Maße«. Wie Byzanz aus der Mischung von Antike und Orient hervorging, so vereint die Hagia Sophia überaus glücklich östliche und westliche Bauelemente, den orientalischen Kuppelbau und den römischen Langbau der christlichen Basilika. Die Hagia Sophia ist das unübertroffene Wahrzeichen dieser Verschmelzung. In der durchlichteten Weite des Innenraums zieht die basilikale Halle von Westen nach Osten, die mittlere Vierung überwölbt von der hohen, golden schimmernden Kuppel. Ein Wunderwerk der Architektur ist diese mit schwebender Leichtigkeit den Raum beherrschende Kuppel, die ein Jahrtausend vor der Kuppel der Peterskirche in Rom entstand.

Von außen wirkt der Baukörper eher klobig, ein Eindruck, der durch die im 14. und 16. Jahrhundert angesetzten massiven Stützmauern hervorgerufen wird. Aus islamischer Zeit, nachdem die Türken 1453 Konstantinopel erobert hatten und die Hagia Sophia zur Moschee Aya Sofya geworden war, stammen die vier Minarette und im Innern manche ornamentalen Schmuckzugaben oder die großen Rundschilde an den Hauptpfeilern mit den kalligraphischen Namen Allahs, des Propheten und der »vier rechtgeleiteten Kalifen«. Heute scheint die Hagia Sophia eher dem Urbild der Moschee als dem einer christlichen Kirche zu entsprechen. Das Bauwunder der Hagia Sophia beeindruckte die späteren islamischen Baumeister so sehr, daß sie die grundlegende Struktur übernahmen oder in ihren großen Moscheen weiterentwickelten.

Seit 1935 hat auch die Moschee, die Aya Sofya Cami, ausgedient. Sie wurde Museum. Doch eine alte Legende scheint dieser religiösen Außer-Dienst-Setzung zu spotten. Als beim Bau der Hagia Sophia, so heißt es, die Maurer Pause machten und ein Wächterjunge zurückgeblieben war, erschien ein Engel. Er befahl dem Jungen, die Maurer zur Weiterarbeit zu holen, aber der Junge wollte seinen Wachtposten nicht verlassen. Da versprach der Engel, so lange zu bleiben, bis der Junge zurückkehre. Der Junge eilte zum

Baumeister, und dieser verständigte den kaiserlichen Bauherrn. Justinian, der die Maurer sofort weiterarbeiten ließ, behielt den Jungen im Palast und schickte ihn später reich beschenkt auf eine Insel. Auf diese Weise, so schließt die Legende, band der kluge Kaiser den Engel an sein Versprechen, und seither hütet der Engel die Kirche der Heiligen Weisheit.

Mehmet Fatih, der Eroberer

Nicht die Türken, sondern fränkische Ritter des vierten Kreuzzugs unter venezianischem Oberbefehl schändeten die Hagia Sophia wie nie zuvor oder später. Das geschah im Jahre 1204. Die christlichen Eroberer hausten in Konstantinopel barbarisch. Unermeßliche Kunstschätze, aus der Hagia Sophia nahezu alle beweglichen Besitztümer, wurden zerstört oder eingeschmolzen oder geplündert. Ein Teil wanderte nach Venedig oder gelangte in die Schatzkammern europäischer Kathedralen. Der greise venezianische Doge Enrico Dandolo, der Initiator und Anführer, der im Jahr nach der Eroberung starb, wurde in der Hagia Sophia beigesetzt. Sein ehrgeiziges Unternehmen hatte zur Folge, daß die politische Macht Ostroms geschwächt wurde und Byzanz, trotz eines nochmaligen Aufblühens unter den Paläologen-Kaisern, seinem Ende entgegenging.

Gegen die türkische Übermacht, die am 29. Mai 1453 die Stadt erstürmte, konnte Byzanz-Konstantinopel nicht mehr bestehen. Der letzte Kaiser von Byzanz, der tapfere Paläologe mit dem Namen des Stadtgründers, Konstantin XI., fiel im Kampf.

Derjenige, der Byzanz endgültig auslöschte und die türkische Herrschaft in Konstantinopel begründete, der das byzantinische Zeichen des Halbmonds übernahm, aber ihm den Stern

zufügte, war ein zweiundzwanzigjähriger Mann: der osmanische Herrscher Mehmet II., der seinen Beinamen *fatih*, der Eroberer, verdiente. Sein Unternehmen »Istanbul« (von nun an der Stadtname neben Konstantinopel) war gut vorbereitet und organisiert. An der schmalsten Stelle des Bosporus hatte Mehmet II. die Festung Rumeli Hisari errichten lassen, um die Wasserstraße zu blockieren. Die eigentliche Belagerung dauerte 53 Tage, begleitet von schweren Verlusten auf beiden Seiten. Da die Einfahrt ins Goldene Horn durch eine riesige Eisenkette gesperrt war, ließ Mehmet II. zweiundsiebzig Schiffe über Land, auf gefetteten Gleit- und Rollbahnen, vom Bosporus zum Goldenen Horn, von Dolmabahçe nach Kasimpaşa ziehen. Doch der entscheidende Durchbruch gelang auf der Landseite, am Romanostor, von den Türken Kanonentor genannt, weil im Vorfeld ihre größte Kanone stand. Sie konnte angeblich Zwölf-Zentner-Kugeln eine Meile weit schleudern. Es muß ein bewegendes, Glück oder Untergang verheißendes Schaustück gewesen sein, wie in der Nacht vor der Entscheidung auf der Landseite der alten Stadtmauer, vom Ufer des Marmarameers bis zum Ufer des Goldenen Horns, eine einzige Feuerschlange aufloderte.
Als der junge Mehmet Fatih am Nachmittag des 29. Mai die Stadt zum erstenmal betrat, hob er eine Handvoll Erde auf und streute sie über sein Haupt. Dann ritt er über die Mese, die alte Hauptstraße, und über die römisch-byzantinischen Foren zur Hagia Sophia. Auch die Türken haben die Stadt geplündert und selbst in der Hagia Sophia gekämpft, denn Mehmet Fatih befahl, die Kirche vom Blut der Erschlagenen zu säubern. Nach der Legende feierte ein Priester die heilige Messe, als türkische Krieger in die Hagia Sophia eindrangen. Der Priester nahm vom Altar den Kelch und das verwandelte Brot und schritt gelassen auf eine Mauer zu, in der er verschwand. Die Legende verheißt, der Priester kehre wieder

und beende die Messe, wenn die Hagia Sophia wieder christlich sei.
Nach drei Tagen wurde in der Hagia Sophia, nun der Aya Sofya, zu Allah gebetet. Mehmet Fatih befahl, alle Bildwerke aus der Kirche zu entfernen, und machte sie zur ranghöchsten Moschee. Der Eroberer nahm den Titel eines Sultans an, der als »Schatten Allahs auf Erden« wie der byzantinische Basileus eine sakrosankte Würde genoß. Er war ein toleranter und gebildeter Herrscher, aufgeschlossen gegenüber den Künsten und Wissenschaften, oft von europäischen Gelehrten umgeben. Den Wiederaufbau der Stadt und ihre wirtschaftliche Sanierung, vor allem die Fortentwicklung des kulturellen Erbes empfand Mehmet Fatih als Verpflichtung. Auf dem ersten Hügel an der Meerseite, wo einstmals die Akropolis stand, ließ er Topkapi Saray, die Palastanlage der Sultane, errichten. Aus seiner Zeit stammen der Bedesten, das Kernstück des Großen Basars, und die Großmoschee mit dem Eroberernamen, die Mehmet Fatih Cami, in deren Garten das Grabmal steht, das den im Alter von einundfünfzig Jahren verstorbenen Sultan aufnahm.

Süleyman, der Krieger und Moscheenbauer

Süleyman I., den großen, prächtigen Soliman, lernte auch der Westen fürchten, denn er eroberte mit seinen Janitscharen Belgrad, machte sich Ungarn und Siebenbürgen untertan und stand 1529 vor Wien, wenn auch vergeblich. Unter Süleymans sechsundvierzigjähriger Herrschaft (1520–1566) erlebte das Osmanische Reich seinen höchsten Wohlstand und seine größte Ausdehnung, vergleichbar dem Ostrom Justinians.
Ich erinnere mich an Bildnisse Süleymans in meinen Jugendbüchern, die sich dem jugendlichen Betrachter als Inbild eines Sultans einprägten: ein hageres, bleiches Gesicht mit langer

Hakennase und finsteren Augen, vom gepflegten Vollbart umrahmt, auf dem Kopf ein mächtiger weißer Turban. Aber trotz seiner Kriegs- und Beutezüge war Süleyman ein milder, ja beliebter Sultan, der die Andersgläubigen durch ein bemerkenswertes Toleranzedikt schützte, als im Westen die Inquisition herrschte. Die Türken verehren in ihm den »Gesetzgeber« und den größten unter ihren Fürsten. Er sorgte für gerechte Gesetze und für die öffentliche Wohlfahrt. In seiner Mußezeit verfaßte er Gedichte, von denen einige zum Bestand der türkischen Literatur zählen.

Die in den Staatsschatz fließenden Reichtümer aus Kriegsbeute und den Tributen der unterworfenen Völker, aus Zöllen und Steuern, aus den staatseigenen Bergwerken und Salinen erlaubten Süleyman, uneingeschränkt seiner Lieblingsbeschäftigung nachzugehen, einer verschwenderischen Bautätigkeit. Er ließ Paläste, Schulen, Bäder und vor allem Moscheen mit ihren Minaretten und den angeschlossenen sozialen Einrichtungen bauen. Die alte Stadt, wie wir sie heute auf der siebenhügeligen Landzunge sehen, verdankt Süleyman und seinen Baumeistern ihre eindrucksvolle Prägung, ihre Silhouette.

Es war ein Glücksfall, daß Süleyman einen genialen Baumeister fand, der seine Wünsche aufs schönste verwirklichte. Der Sultan ernannte 1539 den fünfzigjährigen Sinan zu seinem Hofarchitekten. Sinan kam aus dem Janitscharenstand und hatte sich durch eine Reihe kleinerer Bauten bewährt. Über sein Leben ist kaum Verläßliches bekannt. Seine Bauwerke sprechen für ihn als größten Baumeister des Türkenreiches und einen der größten in der Geschichte der Architektur. Sinan war nicht nur genial, sondern überaus fleißig. Ihm werden 81 große und 51 kleine Moscheen, dazu zahlreiche Profanbauten, insgesamt 334 Bauwerke zugeschrieben. Ein gigantisches Lebenswerk, selbst wenn man vermutet, daß

dem Meister Schüler zur Seite standen oder er in manchen Fällen nur die Entwürfe anfertigte.
Allein im Stadtgebiet von Istanbul schuf Sinan 24 Moscheen, darunter noch heute sehenswert: Sinans erste Großmoschee Şehzade Cami, die schöne Mihrimah Cami in Edirnekapi, die Kiliçalipaşa Cami als verkleinertes Abbild der Hagia Sophia, und zwei kleinere Moscheen, die Rüstempaşa Cami und die Şemsipaşa Cami. Sinans vollendetste Moschee trägt sinnvollerweise den Namen seines Gönners und des Stifters Süleyman: die Süleymaniye Cami in der Stadtmitte auf dem dritten Hügel, die schönste und prächtigste unter den Sultansmoscheen Istanbuls. Ihre vier Minarette mit den zehn Umgängen sollen daran erinnern, daß Süleyman der vierte Sultan in Istanbul und der zehnte Osmane war. Von einem der Minarette oder von der vorgezogenen Nordterrasse genießt man einen faszinierenden Rundblick über die Dächer hinab zur Galatabrücke, über das Goldene Horn und den Bosporus bis zu den jenseitigen Ufern.
Die damals schon tausendjährige Hagia Sophia diente auch Sinan als Vorbild. Aber er entwickelte die Bauprinzipien in mannigfachen Abwandlungen weiter. Er löste die Hallenform auf, bei der Süleymaniye wie der Şehzade in einer regelmäßigen Vierpaßform. Auf vier mächtigen, weit zurückgeschobenen Pfeilern ruhen die Bögen, die die Hauptkuppel tragen. Die Süleymaniye besitzt, anders als die Hagia Sophia, keine Emporen und keine Raumunterteilung. Es entsteht der Eindruck eines breiten und hohen Raumes von monumentaler Würde. Nur die Lichtschleusen der Fenster, die buntfarbigen Kacheln und kalligraphischen Inschriften setzen schmükkende Akzente. Sinans Riesenkuppelmoschee vereint beispielhaft architektonische Schönheit und funktionale Bestimmung. Die Hagia Sophia war ja, als christliche Kirche, Gotteshaus mit Altar und Chorapsis, mit einer Schaubühne

für die Liturgiefeier. Die Moschee ist, ihrer Funktion entsprechend, nüchterner und erdhafter. Sie dient allein als Gebetsstätte, soll den Gläubigen, die zu den Hauptgebetszeiten in gestaffelten Reihen ihre Gebetsübungen verrichten, freien, überschaubaren Raum geben. Die hervorgehobene Mihrabnische weist lediglich die Gebetsrichtung an.
Die Aya Sofya wurde Museum, und nicht die Süleymaniye, sondern die Sultan Ahmed Cami (östlich des Hippodroms) dient heute als Hauptmoschee. Sie wird die Blaue Moschee genannt, denn ihre bis zu den oberen Fenstern reichenden, vorwiegend blauen Wandkacheln geben dem Innenraum einen sanften Blauschimmer. Anfang des 17. Jahrhunderts vom zweiten Nachfolger Sinans geschaffen, wiederholt die Blaue Moschee noch einmal die aus der Hagia Sophia entwickelten Bauprinzipien des Sinan, im Blick auf die gestuften Kuppeln und Halbkugeln etwas weicher und schmiegsamer. Zudem ist die Sultan Ahmed Cami die einzige von sechs Minaretten umgebene Moschee.
Als ich einmal nach der im Außentor hängenden Kette fragte, sagte mein Begleiter, sie erinnere daran, daß die Gläubigen gebückt und demütig die Moschee betreten sollen. Der heutige Besucher wird solche Auskunft als etwas Fernes, beinahe Exotisches aufnehmen. Er wird vielleicht einen Augenblick innehalten, um alsbald wieder dem alltäglichen Geschäft zu verfallen. Aber auch die Einheimischen sind eher besorgt um das Leben und Überleben in dieser Stadt, deren Betriebsamkeit schwerlich die Widersprüche zwischen Geschichte und Gegenwart überdecken kann. Istanbul ist nicht mehr die Metropole Konstantins und Justinians, Mehmet Fatihs und Süleymans, erst recht nicht mehr, seit Kemal Atatürk ihr den Glanz der offiziellen Hauptstadt nahm, die belastende Tradition ablöste und die Neuzeit der Türkei einleitete. In ihrem gebrochenen oder kritischen Verhältnis

zur eigenen Geschichte unterscheiden sich die jungen Istanbuler kaum von ihren Altersgefährten in Westeuropa.

Auf dem weiten Platz vor der Blauen Moschee tummeln sich heute die Touristen, parken die Busse und Wagen der Besichtigungshungrigen. Eine Zeitlang sammelten sich hier junge Leute aus aller Welt, ein Treffpunkt der Hippies und Gammler, als Haschisch-Zentrum auf seine fatale Weise eine pervertierte »Stätte der Glückseligkeit«. Das ging mit dem Wind und der verschärften Polizeikontrolle vorüber. In Istanbul gibt es keinen Brunnen, in den man eine Münze wirft, um damit die Gewißheit der Wiederkehr einzuhandeln. Aber es gibt diesen merkwürdigen Abschiedsruf, den der Scheidende hört: *güle, güle* – Gehe mit Lachen!

Was bleibt? So viele Namen, Denkmäler, Relikte. So viele märchenhafte Reichtümer, die zu Phantasien und Träumen reizen, und so viel Ruinenschutt, der die Grausamkeiten und Laster der Jahrhunderte überlagert. Aber es bleibt auch die Erinnerung an eine tapfere und menschenfreundliche Stadt an der Grenze Europas. Wieder und wieder, nach verzweifelter Abwehr, nach mörderischen Überfällen, Plünderungen, Bränden, nach gewaltsamen Herrschaftswechseln und unter despotisch Regierenden haben die Istanbuler ihre Stadt bewohnbar gemacht. Es ist *ihre* Stadt Byzanz-Konstantinopel-Istanbul, in der sie sich wohl fühlen und glücklich sind.

Ein Echo von Gewesenem

Lissabon

Lissabon gehört wie Venedig und Istanbul zu den Städten, deren Schönheit, deren Eigenart und Repräsentanz sich dem vom Meer her Anreisenden ganz und spontan erschließen. Wer mit dem Auto oder Flugzeug anreist, kommt eher durch die Hintertür, braucht geraume Zeit, um jenen Eindruck zu gewinnen, der dem Schiffsreisenden im ersten Anblick geschenkt ist. Beglückt durch diesen ersten Anblick nannte Alexander von Humboldt Lissabon die schönste Stadt der Erde. Zahllose Weltreisende sind diesem Urteil gefolgt, während die Portugiesen ihre Bewunderung in einem Reim kundtun: *Quem nao viu Lisbôa / nao viu coisa boa.* Wer Lissabon nicht gesehen hat, der hat nie etwas Gutes gesehen. Humboldt und die Weltreisenden der vergangenen Jahrhunderte sahen noch nicht die Ponte Salazar, heute die »Brücke des 25. April«, die seit 1966 den Rio Tejo überbrückt, Lissabon mit dem südlichen Ufer und der romantischen Landschaft der Arrábida verbindend. Sie ist mit 2278 Metern die längste Hängebrücke Europas, mit einer lichten Höhe von 70 Metern passierbar für alle Schiffe der Weltmeere. Trotz ihrer gewaltigen Ausmaße und über die technische Leistung hinaus bleibt bewundernswert, wie leicht, nahezu elegant die stählerne Brücke wirkt. Doch der Brückenschlag über den Tejo hat das Bild Lissabons verändert; er gilt als Wahrzeichen eines Umschichtungsprozesses, der aus der herkömmlichen Agrargesellschaft in eine neuzeitlich orientierte Industrienation führen soll. So entstanden am südlichen Ufer die größten Trockendock-Anlagen Europas, deren Aufnahmekapazität bis zu einer Million t Schiffsraum noch um das Dreifache erweitert werden soll; so entstand nicht weit von den Dockanlagen das von deutschen Technikern errichtete gigantische Stahlwerk Siderurgia Nacional.

Zur Zeit Humboldts wie heute richten sich die Blicke der Schiffsreisenden, die den Tejo aufwärts fahren, auf das nördliche Ufer, wo nach den Vorstädten, die vom Ufer landeinwärts drängen, hinter den weitläufigen Hafenanlagen das alte Lissabon hügelaufwärts zieht, terrassenartig auf siebenmal sieben Hügeln erbaut. Eine Legende behauptet zwar, Lissabon sei wie Rom auf »sieben Hügeln« erbaut, aber es sind weitaus mehr größere und kleinere Hügelkuppen, die sich über zwei Hügelketten erstrecken. Sie lockern auf, geben dem Stadtbild seine lebhaft wechselnde Grazie, besonders wenn das spätnachmittägliche atlantische Licht den Farben der gehügelten Stadt einen goldenen Schimmer zufügt.

Es ist ein unvergleichlicher Anblick, wenn sich nach den aufsteigenden neueren Stadtvierteln die verschachtelten Häuser der Alfama übereinandertürmen, den Burgberg des Castelo Sâo Jorge hinauf, bunt und in heiterer Anmut, wenn das Auge die barocken Kirchen erkennt oder die Aussichtsterrassen der Miradouros. Unten, am Ufer, öffnet sich die von Bogengängen umsäumte Praça do Comércio, von alters her der freie festliche Empfangssalon der Stadt, wo die portugiesischen Könige ihre Staatsgäste empfingen und verabschiedeten. Die Praça do Comércio blickt unmittelbar auf das vom Rio Tejo durchfurchte Mar de Palha. Die Strombucht verbreitert sich – nach der schmaleren Einfahrt – wahrhaft zu einem Binnenmeer von sieben bis elf Kilometern Breite, einem großartigen Naturhafen, von dem es heißt, er könne alle Flotten der Welt aufnehmen.

Aber charakteristisch für Lissabon ist nicht nur die faszinierende Wasserstraße, die an den Bosporus erinnert, das bezaubernde Panorama der aus dem Wasser steigenden Hügelstadt. Während vergleichsweise Madrid auf der kargen kastilischen Hochebene im Jahre 1561 durch königlichen Willen zur Hauptstadt Spaniens gemacht wurde, ist Lissabon organisch gewachsen und durch seine geographische Lage zur Hauptstadt prädestiniert. Nimmt man die Südküste, die vielgerühmte Algarve-Küste, hinzu, so liegt Lissabon in der Mitte der dem Atlantik zugewandten Küstenfront. Vom großen Naturhafen, der die Schiffe aller Meere empfängt und sie ebenso in die Weltmeere entsendet, führt durch die Strombucht der natürliche Weg ins Landesinnere, verbindet die Hauptstadt mit dem binnenländischen Portugal.

Und ein zweites unterscheidet Lissabon von Madrid. Ein Spanienkenner schrieb, Madrid verkörpere »in seiner Abgeschiedenheit auf der kastilischen Hochfläche die un-europäische, ja oft genug anti-europäische Isolierung Spaniens«. Wie die Fenster der alten Häuser Lissabons auf das Mar de Palha blicken, über das Meer zur Welt geöffnet, so war Lissabon in jeder Phase seiner Geschichte offen und niemals sich selbst isolierend. Im Gegensatz zu Madrid ist Lissabon Europa entschieden nähergerückt und enger verbunden, allein durch den maritimen Weg, und obwohl Lissabon als westlichste und Afrika nächstliegende Hauptstadt Europas am Rand des Kontinents liegt. Daß der Wasserweg, »das Tor zur Welt, zugleich als das Tor nach Europa dient, hat Portugals Wesen entscheidend geprägt« (F. R. Allemann).

Die Gründungsgeschichte Lissabons reicht weit zurück, bis in die graue Zone der Legende. »Alles Gute kommt vom Meer«, lautet ein Lissaboner Sprichwort. Ein Seefahrer, der Abenteurer Odysseus, soll die erste Stadt gegründet haben. So schreibt es der große portugiesische Dichter Camões im

Nationalepos der »Lusiaden«: *a cidade Ulyssea.* Aber ob Odysseus wirklich nach der Fahrt durch die Säulen des Herkules mit seinen Gefährten Lusitania umschifft hat und in der Strombucht des Tagus landete, um hier den ersten Stein zur Gründung der Stadt zu legen, entzieht sich der historischen Beweisbarkeit. Sicher ist, daß die Phönizier, auch sie über das Meer gekommen, in der Bucht einen Handelsplatz gründeten, den sie Alis-Ubbo nannten, milde Bucht. Ihnen folgten die Griechen, die Karthager und die Römer, die den Hafen ausbauten und die Stadt in Anlehnung an den phönizischen Namen Olisippo tauften. Mehr als vierhundert Jahre herrschten die Mauren in der Stadt, nun Aleschbuna oder Lischbuna geheißen, woraus der Name Lisbôa, Lissabon, entstand. Nach der Rückeroberung (1147) durch Alfonso Henrique, den ersten portugiesischen König, beginnt – wiederum gut hundert Jahre danach – mit der Verlegung der königlichen Residenz von Coimbra nach Lissabon im Jahre 1260 die Geschichte der portugiesischen Hauptstadt.

An die vormaurische Zeit erinnern nur wenige Funde, die im Museo do Carmo bewahrt werden. Doch manche Häuser, Gassen und Winkel der malerischen Altstadtviertel Alfama und Mouraria, wo nach der christlichen Reconquista die Mauren angesiedelt wurden, halten die Erinnerung an die Mauren wach.

Ein lateinischer Chronist bezeichnete schon die maurische Stadt Aleschbuna oder Lischbuna als das »reichste Handelszentrum Afrikas und eines guten Teils von Europa«. Dank der günstigen Lage und des Naturhafens hatte der Handel die Stadt an der Strombucht des Tagus, des Tejo, von jeher reich gemacht.

Schon vor dem Zeitalter der Weltentdeckungen fuhren portugiesische Händler mit ihren Schiffen nach Flandern,

England, zur nordafrikanischen Küste und zu den Häfen des Mittelmeers. In der ersten Hälfte des fünfzehnten Jahrhunderts begann mit den Entdeckungsfahrten der Portugiesen jene beispiellose Ausweitung und Weltorientierung, die Portugal zu einem Weltreich machten. Lissabon war nicht nur Hauptstadt der ersten Nation Europas, von hier aus wechselte die bisherige mittelmeerische Orientierung Europas in den atlantischen Raum und weiter in die endlosen Räume der Weltmeere. Mit den ozeanischen Seefahrten und Eroberungen der Portugiesen – noch vor den Spaniern – begann die neuzeitliche imperiale Weltpolitik der Europäer. Das kleine Land an der atlantischen Randzone Europas eröffnete das koloniale Zeitalter, gemessen an der politischen und ökonomischen Auswirkung auf die gesamte Weltkonstellation eine ungeheure historische Tat.

Der Mann, der die Entdeckungsfahrten einleitete und antrieb, war Prinz Heinrich der Seefahrer, o navegador, der trotz seines stolzen Beinamens kaum jemals die heimatlichen Gewässer verlassen haben dürfte. Aber der von der Seefahrt besessene Prinz, der von 1394 bis 1460 lebte, hatte auf seine Thronrechte verzichtet, um sich ganz der Erkundung der Meere, der Berechnung neuer Routen und der Gestirnsbahnen, der Ausbildung der Kapitäne und der Ausrüstung seiner Karavellen zu widmen. Heinrich der Seefahrer finanzierte die Karavellen, die er zu immer kühneren Abenteuern aussandte, die Madeira und die Azoren erreichten und die Westküste Afrikas erkundeten. Die Portugiesen errichteten dem Seefahrer-Prinzen 1960, anläßlich seines fünfhundertsten Todesjahres, am Ufer von Belém ein monumentales, sehr pathetisches Denkmal.

Heinrich der Seefahrer hatte den Grundstock zur portugiesischen Weltentdeckung gelegt, die mit der Umschiffung des Kaps der Guten Hoffnung und der Entdeckung Indiens durch Vasco da Gama im Jahre 1498 ihren Höhepunkt erreichte. Der nun offene Seeweg nach Indien war für die Zeitgenossen weitaus wichtiger als die sechs Jahre zuvor erfolgte Entdeckung Westindiens durch Kolumbus. Denn die Seefahrt nach Indien öffnete den Welthandel. Vasco da Gama brachte Gewürze, Seide, Edelsteine und andere Waren mit, deren Erlös um das Sechzigfache die Ausrüstung seiner Expeditionsflotte übertraf.

Luis de Camões verherrlicht in seinen »Lusiaden« die große Zeit der portugiesischen Entdeckungen und Eroberungen, die abenteuerliche Kühnheit der von Lissabon in die Weltmeere ausgesandten Seefahrer. Camões schildert auch eine merkwürdige Begebenheit, die sich vor der Ausfahrt des Vasco da Gama aus dem Hafen von Belém ereignete. Aus dem am Ufer stehenden Volk trat ein seherisch begabter Greis vor, der mit lauter Stimme warnte und einen Fluch aussprach. Er rief, den ersten, der trockenes Holz den Wellen übergab und darüber Segel aufspannte, den werde die ewige Verdammnis treffen. Die ausfahrenden Seeleute hörten den Fluch, doch die Segel entfalteten sich, die Karavellen Vasco da Gamas verließen den Hafen. Niemand konnte den Gang der Ereignisse anhalten oder anders steuern.

Wir wissen heute, daß die Pionierleistung der Portugiesen, die Entwicklung zur Welt- und Kolonialmacht auch den Fluch des Sehers aus den »Lusiaden« mittragen mußte. Die für einen Weltaugenblick geschenkte und erkämpfte imperiale Größe wurde späteren Generationen zur Last, bis schließlich das kleine, schon lange überforderte Mutterland als erste und letzte Kolonialmacht Europas nach den verzehrenden Kriegen in Afrika sein Scheitern eingestehen mußte.

Der portugiesische Geschichtsschreiber und Dichter Alexandre Herculano gehört zu denjenigen, die Lissabon »die schönste unter den Städten der Welt« nannten. Herculano

fragte in der Mitte des neunzehnten Jahrhunderts nach dem, was vom Ruhm der Stadt geblieben sei, und fand eine melancholische Antwort: »Ein Echo von Gewesenem . . ., die reine Sonne deines Frühlings, die Reste der Paläste und Kirchen, die dir die Erdbeben übriggelassen haben, und das große Antlitz der Wasser am weiten Eingang des Tejo.«
Lissabon besitzt zwei einzigartige Bauwerke, nicht im Zentrum, sondern in der Vorstadt Belém, die unmittelbar die Erinnerung an die weltbewegende Zeit der Seefahrer und Entdecker wachhalten: die *Torre de Belém* und das *Mosteiro dos Jerónimos.* Beide Monumente wurden nach der glücklichen Heimkehr des Vasco da Gama aus Indien errichtet. Beide verkörpern unvergleichlich den Geist jener portugiesischen Weltstunde, in der das kleine Land aus den engen Grenzen des Kontinents aufbrach und die halbe Welt einholte. Der Turm und das Hieronymitenkloster gelten als Meisterwerke der manuelinischen Baukunst, der portugiesischen Sonderform der späten Gotik, in der sich Okzident und Orient miteinander verbinden. Manuel I., der Glückliche, zwischen 1495 und 1521 der König der ruhmreichsten Jahre, gab der Kunst des Manuelismus seinen Namen.
Der Turm von Belém steht dicht am Tejo, nahe der Stelle, von der die Entdeckerflotten ausfuhren und wo sie nach ihrer Rückkehr wieder anlegten. Der wehrhafte Turm, dessen steinerne Wappenschilde und Zinnen an die Zeit der Ritter und Kreuzzüge erinnern, wurde zum Schutz der Hafeneinfahrt errichtet. Ursprünglich stand er ganz im Wasser, ein strahlend helles Wasserschloß mit breit vorgezogener Terrasse. Von den Galerien und Zinnen hat man den schönsten Blick über den Tejo, auf die vorüberziehenden Schiffe und – seltener geworden – portweinbeladene Lastsegler.
War die Rückkehr einer Flotte aus den Weltmeeren gemeldet worden, standen die Daheimgebliebenen auf dem Turm von

Belém und erwarteten die Seefahrer. Man muß sich vorstellen, welche Erwartungen und Hoffnungen auf die einlaufenden Karavellen gerichtet waren, nachdem über Monate oder Jahre jede Nachricht fehlte, aber Erzählungen über kühne, gefährliche Abenteuer auf See und in den fernen Ländern kursierten. Kein Daheimgebliebener wußte, ob nicht seine Freude in Trauer umschlagen würde, weil der erwartete Mann, Bruder oder Freund nicht mehr zu den Heimkehrern gehörte. Von den 160 Männern der Schiffsbesatzung des Vasco da Gama überlebten nur 55 die erste Indienfahrt.

Die Zweckbestimmung des Turms als Bastion an der Tejo-Mündung verlangte ein Mindestmaß an funktionaler Strenge. Aber auch hier, in den Zinnen und Kuppeltürmchen, der Loggia und den vorgezogenen Balkonen, im steinernen Maßwerk, mischen sich Okzident und Orient, verbindet sich das Wuchtige und Kraftvolle der Architektur mit einer unnachahmlichen Grazie. In der *Torre de Belém* erscheint der sonst eher üppig ausladende, exotische Kunststil des Manuelismus harmonisch gebändigt, weshalb manche Kunstkenner dem Wachtturm *vor* dem Hieronymitenkloster den Vorzug geben.

Trotz dieses Vergleichs wird der Besucher des Hieronymitenklosters schwerlich der Überwältigung entgehen, die von diesem Juwel der Manuelinischen Kunst ausstrahlt. Das Kloster, das ehemalige *Mosteiro dos Jerónimos,* liegt nur einen Steinwurf vom Wachtturm am Rio Tejo entfernt. Ursprünglich stand hier eine von Heinrich dem Seefahrer erbaute Kapelle des Ordens der Christusritter und ein Seemannshaus. Vasco da Gama verbrachte hier die Nacht vor seiner Ausfahrt nach Indien, und hier trat er nach seiner umjubelten Rückkehr vor Manuel den Glücklichen und legte dem König die Schätze der neuentdeckten Welt zu Füßen. Als Dank für das Gelingen der Indienfahrt stiftete Manuel I. das Kloster der

Hieronymiten. Schon im Jahre 1499 begann der Baumeister Boitaca mit dem Bau der dreischiffigen Klosterkirche, während Boitacas Nachfolger João de Castilho ab 1517 die Krönung des Bauwerks schuf: das Hauptportal und den vielbewunderten zweigeschossigen Kreuzgang.

Man hat gesagt, das Hieronymitenkloster sei aus dem Reichtum der überseeischen Länder und aus den Träumen derer, die dieser fernen Welt begegnet waren, erbaut worden. Das mag erklären, was manchen Betrachtern als verspielt, monströs, überladen und kaum verständlich erscheint. Aus dem Zusammenfließen der vorhandenen Ordnungen der spätgotischen Formenwelt mit der jenseits des Ozeans gesehenen Bildwelt, dem fernöstlichen Naturalismus, der pflanzenhaft verschlungenen arabesken Verspieltheit, dem Märchenhaften und Phantastischen, wurde der Manuelismus geboren. Er ist *die* nationale Kunst Portugals, nur aus der portugiesischen Situation begreifbar, und unterscheidet sich durch das exotische Element wesentlich von der älteren plateresken oder der jüngeren churriguesken Kunst der Spanier.

Mit den portugiesischen Karavellen waren ja auch Architekten, Bauleute und Künstler ausgefahren, die in den neuen Reichen wirkten. Sie brachten wiederum, verzaubert vom Glanz der Wunderreiche in Indien, Brasilien und Afrika, jene Stil- und Schmuckformen mit, deren fremdartige, üppige Schönheit im manuelinischen Stein aufblühte. Manche der manuelinischen Steinmetzarbeiten scheinen geradezu Träume zu verwirklichen. Sie entmaterialisieren den Stein, machen ihn gewichtslos wie ein Spitzenklöppelwerk.

Aber es fällt noch eine Eigentümlichkeit auf, zumal in den steinernen Schmuckformen und der Ornamentik des Hieronymitenklosters: wie oft Motive der Seefahrer und ihrer maritimen Welt in das Rankenwerk verflochten sind: Schiffs-

taue und ihre Verknotungen, Sphärenkugeln, Anker, Seesterne, Krebstiere und Korallen. Vor allem steinerne Schiffstaue winden sich endlos, oft kunstvoll verschlungen, um Säulen, Türmchen, Wappen und Embleme.
In der Klosterkirche mit ihrem schönen Netzgewölbe fand der königliche Bauherr Manuel der Glückliche sein Grab. Die Initialen des Königs MR (Manuel Rex) entdeckt man in den steinernen Schmuckformen – wie auch das Kreuz der Ritter des Christusordens, das Symbol der portugiesischen Seefahrer. Die Klosterkirche ist nicht nur Gedächtnisstätte für den König und einige seiner Nachfolger, deren Sarkophage im prachtvollen Querschiff und in der Chorapsis stehen. Vasco da Gama, der größte der portugiesischen Seefahrer, erhielt hier sein Grab. Ein anderer Sarkophag erinnert an Luis de Camões, den größten Dichter Portugals. Doch sein Sarkophag blieb leer. Der Dichter der »Lusiaden« starb verarmt im Jahre 1580 an der Pest. Sein Leichnam wurde einem Massengrab übergeben.
Um eine Stadt wie Lissabon kennenzulernen, muß man nicht alle Daten und Ereignisse im Kopf haben. Man sollte vielmehr seinen Augen trauen, durch die Gassen der Alfama streifen, die verwinkelten Treppen steigen, hinaufgehen zum Castelo Sâo Jorge oder einen Nachmittag nach fünf auf dem Rossío verbringen, dem Platz im Zentrum, auf dem das flanierende und diskutierende Volk zusammenströmt.
Doch ein Datum ist zum Verständnis der Stadt am Rio Tejo unerläßlich und sollte auch jedem flüchtigen Besucher geläufig sein: der Allerheiligentag des Jahres 1755. An diesem Tag, zwei Jahrhunderte nach den wahrhaft goldenen Jahren Lissabons, überraschte ein verheerendes Erdbeben die Stadt und zerstörte sie nahezu vollständig. Die Katastrophe erregte eine weltweite Erschütterung und löste spontan Hilfsaktionen vor allem der europäischen Fürsten und Städte aus. Das

Unglück weckte alle möglichen Spekulationen über die Ursachen und führte zu absonderlichen Deutungen. Man sagte auch, das Meer habe zurückgeholt, was es Lissabon gegeben hatte. Ein Drittel der Bevölkerung fiel dem Erdbeben zum Opfer, nach einer Schätzung an die 30 000 Menschen.

Eine Notiz Goethes, in »Dichtung und Wahrheit« aufgenommen, zeigt, wie sehr das Unglück den damals sechsjährigen Jungen aufschreckte: »Durch ein außerordentliches Weltereignis wurde jedoch die Gemütsruhe des Knaben zum erstenmal im tiefsten erschüttert. Am ersten November 1755 ereignete sich das Erdbeben von Lissabon und verbreitete über die in Frieden und Ruhe schon eingewohnte Welt einen ungeheuren Schrecken. Eine große, prächtige Residenz, zugleich Handels- und Hafenstadt, wird ungewarnt von dem furchtbarsten Unglück betroffen. Die Erde bebt und schwankt, das Meer braust auf, die Schiffe schlagen zusammen, die Häuser stürzen ein, Kirchen und Türme darüber her, der Königliche Palast zum Teil wird vom Meer verschlungen, die geborstene Erde scheint Flammen zu speien; denn überall meldet sich Rauch und Brand in den Ruinen . . .«

Daß auf den Trümmern eine neue Stadt, ein neues Lissabon erstand, war das Werk eines Mannes, der angesichts der furchtbaren Katastrophe einen klaren Kopf behielt, des Marquês de Pompal. Der König Joâo I. war dem Einsturz seines Palastes, der an der heutigen Praça do Comércio stand, nur entgangen, weil er sich mit seiner Familie in Queluz aufhielt. Der König fragte des Marquês: »Was sollen wir tun?« Er erhielt die bekannte historische Antwort: »Die Häfen schließen, die Toten begraben, für die Lebenden sorgen.« Das klingt sehr einfach. Aber der Minister Pompal, mit diktatorischen Vollmachten ausgestattet, tat und veranlaßte, wozu weder der König noch irgendwer sonst imstande war. Vor allem die Unterstadt, die Cidade baixa, die sich vom Tejo-Ufer bis zum Rossío erstreckt, ist Pombals eigenstes Werk: schachbrettartig angelegte Geschäftsviertel mit rechtwinklig gekreuzten Straßen, die Häuser einheitlich erbaut und ausgerichtet. Pombal, der Staatsmann des aufgeklärten Absolutismus, verfuhr nach dem rationalen Geist seiner Zeit. Und im Grunde widerspricht das rational und rigoros Disziplinierte dem Wesen der Stadt, das man viel eher in den verwinkelten Gassen und Stiegen der Alfama entdecken kann. Aber Lissabon verdankt Pombal den raschen, planvollen Wiederaufbau.

Anerkennung verdient, daß Pombal keine Paläste, sondern Bürgerhäuser und Geschäftsviertel bauen ließ, wie er auch das kommerzielle Bürgertum förderte, gegen den Willen der Feudalaristokratie. Selbst die Bauten an der zum Tejo hin offenen repräsentativen Praça do Comércio, dem früheren königlichen Palastplatz, der darum noch heute gern Terreiro do Paço genannt wird, zeigen eine verhaltene Monumentalität.

Lissabon hatte für den energisch und mutig handelnden Pombal wenig übrig. Als sein königlicher Gönner João I. starb, fiel er in Ungnade. Erst im Jahre 1925 setzte ihm die Stadt auf der Praça Marquês de Pombal ein Denkmal. Da steht er mit mächtiger Allongeperücke auf einer hohen Säule, die linke Hand auf die Mähne eines Löwen gelegt. Etwas verächtlich sagen die Lissaboner: »Der Herr und sein Hund.« Aber er blickt über die breite Avenida da Liberdade hinab auf die von ihm erbaute Stadt, die Cidade baixa.

Im Stadtbereich hat das große Erdbeben des Jahres 1755 die Erinnerungen an das mittelalterliche Lissabon und die imperiale Vergangenheit nahezu ausgelöscht. Das wenige Gebliebene, »ein Echo von Gewesenem«, ist eindrucksvoll und vermittelt jenen eigentümlichen Reiz des Vergänglichen, der Lissabon zugehört.

Aus einer belebten Seitenstraße von Pombals *baixa* führt ein altertümlich wirkender Lift hinauf zur Oberstadt, wo auf einem Felsvorsprung die Ruine des einstigen Convento do Carmo, des Karmeliterklosters, steht. Die gotischen Kreuzrippen der Carmo-Kirche ragen nackt in den Himmel, ein eindrucksvolles Mahnmal des Erdbebens. Sinnvollerweise nahm die in ihrem Torsozustand museal bewahrte Carmo-Kirche das archäologische Museum auf.

Das Castelo Sâo Jorge, wohl das älteste halbwegs erhaltene Bauwerk, überragt auf dem Burgberg die alte Stadt. Das Licht des späten Nachmittags überzieht die zinnenbewehrten Mauern und Vierecktürme, rundum vom Grün der Bäume und Büsche umgeben, mit einem goldenen Schimmer. Die Fundamente stammen aus der Römerzeit. Die Mauren erweiterten die Burg im neunten Jahrhundert, und unter Manuel dem Glücklichen diente das Kastell als königliche Residenz. Wer heute zum sorgsam restaurierten Castelo Sâo Jorge hinaufkommt, begegnet nur noch den Sinnbildern der vergangenen Königsherrlichkeit, majestätisch schreitenden weißen Pfauen, die hier gehalten werden. Unvergleichlich ist der Ausblick über die Häuser der Stadt, hinunter zum Hafen und zum Tejo.

Als drittes Bauwerk blieb, auch nur teilweise, nahe der Alfama die Kathedrale erhalten. An den ursprünglich romanischen Bau erinnern noch das Portal und im Innern das Triforium. Die beiden viereckigen Glockentürme sind von gedrungener Kraft. Der eingestürzte Chor und das Innere wurden allerdings im späten achtzehnten Jahrhundert erneuert und durch spätbarocke Zugaben entfremdet.

Östlich der Kathedrale zieht die schon gelegentlich erwähnte Alfama, die Altstadt, hügelaufwärts. Allein einige Viertel der auf Felsgrund gebauten Alfama, des Bezirks der Armen, und der Mouraria nördlich des Burgbergs hatten das Erdbeben überlebt. Die Alfama bewahrt wie kein anderes Stadtviertel den gewachsenen, nicht künstlich herstellbaren Zauber des Alten, Volksnahen und Pittoresken, auch die Zeichen des Melancholischen, Vergänglichen, des abblätternden und abbröckelnden Verfalls. Ein Hauch Orient, maurisches Erbe, liegt über den verwunschenen Höfen und kleinen Gärten. Nichts ist schematisiert, Ordnungszwängen unterworfen, alles wirkt verspielt, malerisch, gewinkelt, treppauf, treppab. Anmutig und heiter wirken die hellen Farben der alten Häuser, wirken die zwanglos über Gassen und Plätze gespannten Wäschestücke. Dann wieder tritt man auf die Aussichtsterrasse einer der pergolageschmückten Miradouros, spürt den milden Wind auf der Haut und blickt hinunter zum Mar de Palha.

In den verrauchten Tavernen der Alfama kehren die Lissaboner und die fremden Besucher abends ein, um den *fado* zu hören, jenen melancholischen Gesang, dessen Grundstimmung ein Wesenselement der Portugiesen bildet. Das portugiesische Wort *fado* kommt vom lateinischen *fatum*, Geschick, Schicksal, und darum geht es in den Liedern der Volkssänger: um das Los des Menschen, freilich von Trauer und Bitterkeit überschattet. Im *fado* findet das persönliche und das soziale Geschick seinen Ausdruck, die Unbeständigkeit des Glücks, Trennung der Liebenden, Eifersucht, eine traurige Erinnerung. In den meist anonymen Liedern verdichtet sich eine Poesie des Schmerzes, aber auch, in anderer Fassung, die Klage über die Ungerechtigkeit der Welt, eine Art »Protestgesang gegen soziales Elend und Klassenunterschiede«.

Die Herkunft des *fado* ist dunkel. Gelegentlich liest man, der *fado* sei aus mittelalterlichen Heldenliedern entstanden, in ihm lebten Elemente alter Romanzen, Matrosenlieder oder kirchlicher Gesänge weiter, den neueren sozialen Verhältnissen angepaßt. Sicher ist nur, daß der *fado* im neunzehnten Jahrhundert und nicht gerade in vornehmen Kreisen, sondern eher in der Gosse entstand. Die ersten Fadosänger galten als Messerhelden und Außenseiter der Gesellschaft. Sie lebten im Umkreis der Freudenhäuser und verkehrten mit der bürgerlichen Gesellschaft allenfalls über die Gerichte. Heute ist das anders. Die Fado-Tavernen sind Attraktionen für die Lissaboner wie für die Fremden. Die berühmteste Fadosängerin, Amália Rodrigues, die als Orangenverkäuferin im Hafen begann, avancierte zum Weltstar. Der *fado,* trotz seiner starken sozialen Komponente, ist allgemein anerkannt, beliebt; um ihn zu hören, braucht man nur eines der staatlichen Rundfunkprogramme einzuschalten.

Aber es charakterisiert den *fado,* daß sein Protest nicht aggressiv aufschreit, sondern eher befangen bleibt im Weltschmerz, vielleicht kann man sagen, in der Lust an der unerfüllten Sehnsucht, im Genießen der Traurigkeit, der *gosto de ser triste.*

Faßbar wird dieses Verhalten in dem Wort *saudade,* das als Schlüsselbegriff, als »konstitutives, ja wahrhaft fundamentales Element portugiesischer Mentalität« (F. R. Allemann) verstanden wird. Saudade ist ein unübersetzbares Wort, nur den Portugiesen zugehörend – wie der Kunststil des Manuelismus. Aus dem lateinischen *solus, solitudo,* allein, Einsamkeit, Verlassenheit, abgeleitet, bezeichnet *saudade* eine erweiterte Empfindungswelt, deren Hauptgewichte auf »Wehmut« und »Sehnsucht« verweisen. Aber auch das sagt noch nicht alles. Der Vergleich mit dem spanischen Wort *soledad* deckt eine weitere Eigentümlichkeit auf. Gegenüber der spanischen *soledad* bleibt die portugiesische *saudade* passiv, pessimistisch gestimmt, fatalistisch angereichert, entspricht sie ganz und gar einer unerfüllten und eben darin melancholisch-lustvollen Sehnsucht. Schon Luis de Camôes empfand seine Dichtung als Übersetzung dessen, was die *saudade* in seiner Seele niederschrieb. So bekennt Camôes in einer seiner Elegien:

»Ich übersetze, was ins freudeleere,
Trübsel'ge Herz sehnsücht'ge Liebe schreibt.«

Man sagt, die *sausade* sei aus den Trümmern des großen Erdbebens vom Jahre 1755 aufgeblüht. Und sicherlich spielt in ihrer schwermütigen Grundstimmung auch das Bewußtsein der Vergänglichkeit, der unwiederholbaren vergangenen Größe Portugals mit. Aber man sollte darüber nicht vergessen, daß Lissabon nach der Katastrophe lichtvoll und heiter wieder aufgebaut wurde – und daß, so paradox das sein mag, neben der *saudade* oder gerade intensiviert durch ihre melancholische Grundstimmung eine elementare Heiterkeit wächst, die ja auch den portugiesischen Charakter kennzeichnet.
Gehören *fado, saudade,* im weiteren Sinne das »Echo von Gewesenem« nicht jenem Bereich an, der als Folklore, museales Relikt oder vergangene Geschichte ein schönes, aber wirkungsloses Eigendasein führt? Nehmen das fortschreitende Leben, die politischen, gesellschaftlichen Realitäten von diesem Bereich überhaupt Notiz? Und führt nicht eine in der *saudade* sich wohl fühlende Mentalität zur Lethargie und Flucht aus der Wirklichkeit? Wer so denkt, verkennt die spezifisch portugiesische Situation. Ein Kenner der portugiesischen Charaktereigenschaften warnte eindringlich vor der ausschließlichen Reduzierung »auf das Klischee des sanften, weichen, fatalistischen Melancholikers«.
Wie mißverständlich dieses Klischee oder die Rede von der

Flucht aus der Wirklichkeit sein kann, zeigen die jüngsten politischen Ereignisse, begonnen am 25. April 1974 mit der »Revolution der Blumen«, der *Revoluçâo das Flores,* benannt nach den roten Nelken in den Gewehrläufen der putschenden Soldaten. Die Portugiesen überraschten die Weltöffentlichkeit durch eine spontan zupackende Aktivität und eine unerwartete politische Energie.

Bemerkenswert ist, daß die revolutionäre »Bewegung der Streitkräfte« genau dort ansetzte, wo sich einmal Größe und Glanz Portugals manifestierten, in der Kolonialpolitik. Unwiderruflich endete der große geschichtliche Prozeß, der mit der portugiesischen Weltentdeckung begann und der zuletzt furchtbar auf das Mutterland zurückschlug. Es hat seine eigene Konsequenz, daß der Sturz des diktatorischen Regimes eng verbunden war mit dem Ende des imperialen Anspruchs, vor allem mit dem Bewußtwerden dieses nur noch dem Scheitern ausgelieferten Anspruchs und dem daraus resultierenden politischen Handeln. In der Empfindungswelt der Portugiesen wird dieses Handeln immer der eigenen Geschichte verbunden sein und immer durchsetzt sein vom Geschmack des Vergänglichen und Unwiederbringlichen, der *saudade* heißt.

Grünes Asturien

Folgt man den Schlagzeilen der letzten Jahre, so ist Asturien die Region der Kohlenbergwerke und Schwerindustrie, der Arbeiteraufstände und Streikunruhen. Die wirtschaftliche und soziale Problematik mit allen Folgeerscheinungen beherrscht die Gegenwart der Provinz an der kantabrischen Küste. Doch wer nach Asturien kommt und nicht gerade zu den Zentren der Industrie gelangt, muß auf Überraschungen anderer Art gefaßt sein. Er findet zwischen dem grünen Küstenstreifen und dem im Süden die Grenze ziehenden Kantabrischen Gebirge überaus reizvolle, vielfältig gegliederte Landschaften, grüne, regenfeuchte Hügel und wildes, einsames Bergland.

Wer zudem noch Sinn für historische Zusammenhänge hat – was für den geschichtsbezogenen Spanier selbstverständlich ist –, der entdeckt in dem legendenumwobenen Bergland die Keimzelle der spanischen Nation. Nicht Kastilien stand am Anfang, sondern das kleine Asturien, wo sich der erste Widerstand gegen die maurischen Invasoren formierte und wo das erste christliche Königreich gegründet wurde.

Das Königreich war nicht größer als das heutige Asturien, neben Navarra die kleinste der spanischen Regionen, flächenmäßig nur einem Sechstel von Altkastilien, einem Drittel von Katalonien entsprechend. Würde man Asturien in Ost-West-Richtung durchfahren, zwischen Altkastilien und Galicien, so wäre die regionale Grenze nach gut zweihundert Kilometern erreicht. Von der kantabrischen Küste bis zur südlichen Gebirgsbarriere, hinter der León liegt, sind es nur 60 bis 95 Kilometer. Allerdings enden die asturischen Straßen in den Hochgebirgstälern, und der Verkehr nach Süden rollt über einen einzigen Paß, den Puerto de Pajares (1364 Meter).

Die breit ausgefaltete Kordillere schützt das zur Küste hin abfallende grüne und feuchte Hügelland, die saftigen Wiesen, auf denen schwarz-weiß gefleckte Kühe weiden. Im rauhen, kräftigen, aber gesunden Klima gedeihen nicht Orangen und Zitronen, sondern Äpfel und Kastanien. Aus den Äpfeln gewinnen die Asturier ihr Nationalgetränk, die Sidra, einen leicht moussierenden Apfelwein. Im fruchtbaren Becken von Oviedo wird vorzugsweise Mais angebaut. Wie in Galacien stehen neben den Gehöften der Kleinbauern die typischen Fruchtspeicher, Hórreos genannt, auf vier Steinpfosten gesetzte kleine luftige Häuser mit seitlicher Steintreppe. Sicher vor Ratten und Fäulnis werden hier Mais, Obst, auch Fleisch und Käse eingelagert.

Dem Klima entsprechend bevorzugen die Asturier kräftige und gut gewürzte Mahlzeiten wie die Fabada aus Bohnen, Schweinefleisch und scharfer Wurst, aber auch schmackhaft zubereitete Fluß- und Seefische. In den Bergbächen und kleinen Seen schwimmen die besten Lachse und Forellen. Nach ihrer Fangmenge kann die asturische Seefischerei zwar nicht mit der baskischen und galicischen konkurrieren. Doch gilt auch hier, daß die Fische aus dem Kantabrischen Meer zu den besten der Welt zählen.

Die natürlichen Lebensbedingungen prägten einen fleißigen, harten und zähen Menschenschlag, der ebenso wendig und lebhaft sein kann. Darin sind sich die Küsten- und Bergbewohner gleich, ob sie als Fischer, Kleinbauern, Waldarbeiter oder in den Minen und Eisenhütten arbeiten. Ortega y Gasset schrieb den Asturiern einen »guten Verstand und hellen Kopf« zu. Salvador de Madariaga unterschied die Asturier von ihren »allernächsten Verwandten«, den Galiciern. »Der Asturier ist weniger zurückhaltend, mehr bewußt intelligent. Auch er ist tief poetisch, aber die mitunter naive Gläubigkeit des Galiciers ist bei ihm von einem verhaltenen, scharfen Humor angenagt.«

Es bedarf aber nicht der Abgrenzung zum westlichen Nachbarn. Als enger und verwandter erweist sich die Beziehung zum östlichen Altkastilien. Das Bergland im Osten und die schneetragenden Picos de Europa verbinden Asturien mit der altkastilischen Provinz Santander. Hier wie dort leben Montañesen gleichen Schlages. Dieses Bergland, überragt vom faszinierenden, schroff ansteigenden Gebirge der Picos de Europa mit Gipfelhöhen von 2400 bis 2700 Metern, ist Asturiens landschaftlich reizvollster Teil. Ein waldreiches Bergland mit Seen und Forellenbächen, mit verlockenden Revieren für Angler, Wanderer und Bergsteiger. Dennoch blieb es bis heute, abgesehen von spanischen Besuchern, touristisch nahezu unentdecktes wildes und ursprünglich schönes Bergland, von Kennern überaus geschätzt. Klischeehafte Vorstellungen von Spanien taugen hier nicht, denn hier wachsen Buchen, Eichen, Fichten, Kastanien und im vorgelagerten Hügelland Birken und Eukalyptusbäume, deren Stämme zu Grubenholz verarbeitet werden.

Im nordwestlich auslaufenden Teil der Picos de Europa, in der Peña Santa, liegt eines der urwüchsigsten und tierreichsten Naturschutzgebiete Europas. Von Oviedo oder von der Küste führt die Zugangsstraße über Cangas de Onís und Covadonga, dann streckenweise steil ansteigend bis zum Lago Enol und Lago de la Ercina inmitten der Montaña de Covadonga. Durch die Schluchten und Wälder des Nationalparks streifen Bären, Wölfe, Wildkatzen, Hirsche, Rehe und Gemsen. Um die Berggipfel kreisen Adler und Geier.

Covadonga, heute Wallfahrtsort und spanisches Nationalheiligtum, mit dem Deva-Tal und dem Bergland ringsum gilt als jener Bezirk, wo sich eine Schar christlicher Ritter und Widerständler sammelte, als die Mauren bis auf wenige Gebiete im Norden und in Katalonien ganz Spanien erobert hatten. Ihr Anführer war der Westgote Don Pelayo. Mit seinen rund dreihundert Mitstreitern schlug Pelayo im Mai 722 unter dem Felsen von Covadonga eine maurische Heeresabteilung, die, vermutlich von Cangas de Onís kommend, in das Bergland einmarschiert war, um den Widerstand zu brechen. Die siegreiche »Schlacht von Covadonga« hatte zur Folge, daß die Mauren panikartig auch die besetzten Gebiete Asturiens verließen und nie wieder in das Bergland eindrangen. Dieser erste christliche Sieg bewies, daß die Mauren nicht unschlagbar waren. Covadonga bildete den Auftakt der Reconquista, die in fast acht Jahrhunderten, dem längsten Krieg der Geschichte, vom kantabrischen Asturien bis zu den Küsten im Süden führte.
Don Pelayo, der noch bescheiden in Cangas de Onís hofhielt, ehe die Königsresidenz nach Oviedo verlegt wurde, starb im Jahre 737. Sein steinerner Sarkophag befindet sich am Ort seines Triumphes, in der Grotte von Covadonga. Der Name Covadonga ist abgeleitet aus *Cava Domenica,* Höhle der Gottesmutter. Die gläubigen Pilger verehren die *Virgen de las Batallas,* die Jungfrau der Schlachten. Nach der Legende soll die Hilfe der Gottesmutter den ersten Sieg der Christen ermöglicht haben. Eine andere Legende berichtet, Don Pelayo habe im Traum ein Kreuz gesehen, das er aus Eichenholz nachbauen ließ und das ihm den Sieg brachte. Das berühmte *Cruz de la Victoria* ist noch vorhanden und gehört zu den Schätzen, die in der Cámara Santa der Kathedrale von Oviedo aufbewahrt werden. Das einfache Holzkreuz erhielt Anfang des 10. Jahrhunderts seine kostbare Ummantelung aus Silber und Edelsteinen.

In einem lateinischen Distichon wird die Kathedrale von Oviedo die Heilige genannt, neben der Schönen von León, der Reichen von Toledo und der Mächtigen von Salamanca. Die Hervorhebung als die Heilige galt vor allem dem Nationalheiligtum, der frühromanischen Cámara Santa, deren Schätze an die asturischen Könige erinnern. Die Spanien charakterisierende und bis in die Gegenwart oft ungute Verquickung von Staat und Kirche wird etwas verständlicher, wenn man das unvergleichliche Eigenschicksal Spaniens bedenkt: die Totalbesetzung durch die andersgläubigen Mauren, die von Asturien ausgehende Wiedereroberung unter dem Zeichen des Kreuzes und die nach acht Jahrhunderten erreichte Festigung Spaniens als christliches Königreich.

Ist Asturien die Keimzelle Spaniens, so ist die Cámara Santa das Heiligtum, das die Zeichen des Anfangs und der Siegeszuversicht bewahrt, Don Pelayos Kreuz des Sieges, Don Alfonsos Kreuz der Engel aus dem Jahre 808 und Reliquienschätze, die zu den kostbarsten Besitztümern Spaniens zählen. Zwei bewundernswerte Reliquienschreine zogen schon im Mittelalter die Pilger an: die mit Platten aus getriebenem Silber beschlagene *Arca Santa* und die mit großen Achaten besetzte *Caja de las Agatas.* Die Arca Santa birgt wohl eine der merkwürdigsten Reliquiensammlungen der Welt, die uns heute eher befremdet. Angeblich gehören dazu zwei Kreuzessplitter, Blutstropfen Christi, Brotkrumen vom Letzten Abendmahl, eine Sandale des Petrus, Haare der Maria Magdalena, ein Silberling des Judas, ein Steinchen vom Grab des Lazarus, außerdem Milchtropfen aus der Brust der Gottesmutter.

An den Seitenwänden des einfachen Kapellenraumes, unter dem hohen Tonnengewölbe, stehen sechs Apostelpaare, romanische Skulpturen von außergewöhnlicher Schönheit

und Ausdruckskraft. Sie nehmen schon vorweg, was etwas später in den großartigen romanischen Figuren von Santiago de Compostela geschaffen wurde.
Dem Außenstehenden scheint es unglaublich, daß die Cámara Santa durch den blutigen Arbeiteraufstand im Jahre 1934 stark beschädigt wurde. Der Aufstand, der zwanzig- bis dreißigtausend Grubenarbeiter zur bewaffneten Rebellion trieb, kennzeichnet die andere Seite der asturischen Geschichte. Die Arbeiter besetzten Oviedo, Gijón, Mieres und andere Orte. Damals wurde General Franco durch die Niederwerfung des Aufstandes mit Hilfe seiner Legionäre und Marokkaner bekannt. Der »kleine General«, der ein grausames Strafgericht über die Aufständischen verhängte, war seitdem bei den freiheitsliebenden Asturiern verhaßt.
Die im Herbst 1934 und nochmals im Bürgerkrieg entstandenen Zerstörungsschäden sind behoben. Oviedo ist heute das rege Zentrum der expansiven asturischen Industrie, der Kohlenzechen und Erzminen, Verwaltungs- und Handelszentrum der Provinz. Tagsüber hat in der Stadt das Wirtschafts- und Arbeitsleben Vorrang. Doch am späten Nachmittag, wenn der Paseo beginnt, gehören die geschäftigen Straßen, Calle de Uría, Calle de Fruela, der weitläufige grüne Park San Francisco, nur noch den lebhaft und unbeschwert flanierenden Jungen und Alten.
Der hier wie in jeder spanischen Stadt, in jedem Ort vital ausgeschöpfte persönliche Freiraum, ohne den kein Tagesende denkbar wäre, soll nicht darüber hinwegtäuschen, daß Asturien Krisenherd geblieben ist. Auch darum, weil in diesem aktivsten Bergbau- und Industrieland Spaniens die Diskrepanz zwischen wirtschaftlichem Wachstum und vernachlässigter Sozialleistung besonders kraß zutage tritt. In dem an Bodenschätzen reichen Bergland werden neunzig Prozent der spanischen Kohle gefördert, werden Eisen-,

Zink-, Blei- und Kupfererze abgebaut. Bei Avilés und Gijón mit dem neben Bilbao und Barcelona verkehrsreichsten Hafen Spaniens entstanden die leistungsfähigsten Stahlwerke Spaniens. Die Küstenstadt Gijón hat sich zur Konkurrentin Oviedos entwickelt. Doch noch einmal wird auf dem Stadtberg von Oviedo, dem Monte Naranco, angesichts zweier kleiner königlicher Bauwerke aus der Mitte des 9. Jahrhunderts gewiß, daß Oviedo wie keine andere Stadt das innere Asturien repräsentiert, das grüne Hügelland und schluchtenreiche Bergland, das aus dem Widerstand geborene erste christliche Königreich Spaniens.

Leuchtende Zier der Welt

Das maurische Spanien

Spanien war die glückliche Gegend, wo für Europa der erste Funke einer wiederkommenden Kultur schlug.

Herder

War die maurische Invasion wirklich ein »nationales Unglück«, wie spanische Historiker behaupten, die Abweichung von der Bestimmung Spaniens als christliches, okzidentales Land? Eine müßige Frage, so scheint es, angesichts der Großen Moschee von Córdoba, der bewundernswerten Alhambra von Granada oder der Giralda, dem Wahrzeichen Sevillas. Geschichtliche Prozesse setzen ihre eigenen, nicht widerrufbaren Realitäten. Siebenhundertachtzig Jahre islamisch-maurischer Präsenz, von der stürmischen Eroberungswelle im Jahre 711 bis zum Fall des letzten maurischen Königreichs Granada 1492, lassen sich nicht ignorieren, nicht in die Dunkelkammer der Geschichte drängen. Auch die Versuche, die Maurenzeit ausschließlich dem Aspekt der christlichen Wiedereroberung, der Reconquista, zu unterwerfen, erweisen sich als unangemessen. Sie unterschlagen den Eigenwert einer Epoche, deren schöpferische Vielfalt Spanien bereicherte und mitprägte.

Es begann mit einer Befehlsüberschreitung: Der Berberführer Tarik, der 711 nach Gibraltar übersetzte *(Djebel al Tarik*, Berg des Tarik, wurde zu »Gibraltar«) und der mit seinen angeblich siebentausend Kriegern auf dem Weg nach Jerez das überlegene Heer des Westgotenkönigs Roderich schlug, war zu einem Beutezug ausgeschickt worden. Doch sein

Ehrgeiz verleitete ihn, seinem Auftrag zuwider, auch die Hauptstadt Toledo einzunehmen. Tarik bekam die Peitsche zu spüren, nachdem sein Vorgesetzter Musa ben Nasair mit einem stärkeren Heer nachgerückt war. Musa ben Nasair machte sich selbst zum Eroberer; in knapp drei Jahren konnte er vier Fünftel der Iberischen Halbinsel dem Kalifen von Damaskus zu Füßen legen. Auf eine goldene Münze ließ Musa den maurischen Namen des eroberten Landes prägen: *al-Andalus,* Andalusien (nach den Vandalen, die aus Spanien nach Nordafrika weitergezogen waren).
Altspanische Chroniken überliefern die rührende Geschichte des Grafen Julian, des byzantinischen Gouverneurs im nordafrikanischen Ceuta. Die Tochter Julians, so heißt es, lebte zur Erziehung am westgotischen Hof in Toledo. Beim Baden im Tajo habe König Roderich das schöne Mädchen überrascht und geschändet. Aus verständlichen Rachegefühlen habe Julian das Unternehmen seiner Feinde gegen König Roderich unterstützt. Tatsache ist, daß Julian dem Berberführer Tarik Transportschiffe zur Verfügung stellte. Aber auch in den eigenen Reihen der Westgoten lauerte Verrat. Roderich hatte sich nach dem Tod des Königs Witiza als Usurpator der Krone bemächtigt. Witizas Söhne mit ihrem Anhang opponierten und paktierten insgeheim mit den Berbern. Sie befehligten in der Siegesschlacht Tariks die Flügel des westgotischen Heeres und schwenkten im entscheidenden Moment zum Feind über, was Roderichs Niederlage an der Laguna de la Janda besiegelte.
Niemand weiß, wieviele Araber und Berber in Spanien einrückten oder später einwanderten. Vielleicht waren es am Anfang zwanzigtausend. Die Araber blieben in der Minderzahl. Stärker wog der Anteil der islamisierten Berber aus dem nordafrikanischen Maghreb, dem antiken Mauretanien. Aus dem römischen *mauri* oder *maurusci* entstand die vereinfach-

te Bezeichnung für alle spanischen Moslems, die *moros,* die Mauren.

Es gehört zu den weltbewegenden Vorgängen der Geschichte, wie die vorwiegend nomadischen Eroberer seßhaft wurden und eine überreiche Kultur und Zivilisation aufbauten, wie Spanien, weitab von Bagdad und Damaskus, zum »klangvollsten Resonanzboden für orientalische Rassen« (Madariaga) wurde. Nein, die Eroberer haben keine blühende Kultur zerstört. Sie fanden das morsche, von Intrigen geschüttelte Staatsgebilde der Westgoten vor. Die arianischen Westgoten hatten 589 den katholischen Glauben angenommen und dadurch die religiöse Einheit in Spanien wiederhergestellt. Aber sie blieben während ihrer dreihundertjährigen Herrschaft zugewanderte Fremdlinge, eine abgesonderte Minderheit, verhaßt wegen ihrer Intoleranz, besonders gegenüber den zahlreichen Juden. Niemals hätten die Mauren so rasch Boden gewonnen, wäre ihnen nicht die Bevölkerung, verbittert über die bestehenden Verhältnisse, zum Verbündeten geworden. Die geplagten Juden zählten zu den frühesten Sympathisanten.

Anders als die Westgoten suchten die Mauren die Kooperation der Einheimischen, übten sie weithin Toleranz. Die Moslems, die ohne Frauen ins Land kamen, konnten Christinnen heiraten, mit den Töchtern der Besiegten Familien gründen. So werden die meisten maurischen Emire und Kalifen als blond und blauäugig beschrieben, ein Erbteil ihrer mütterlichen Vorfahren aus westgotischen Fürstenhäusern. Für die Araber zählte allein die Reinheit ihres väterlichen Stammbaums.

Es gab keinen Glaubenszwang. Bereits 713 kam ein Vertrag zustande, wonach den Christen die Kirchen und Klöster, den Juden die Synagogen unbehelligt überlassen blieben, dazu die meisten persönlichen Besitztümer. Die Sklaven konnten sich loskaufen, was vordem nicht möglich war, oder sie wurden frei, weil sie zum Islam übertraten. Viele Christen, zumal aus den einfachen Volksschichten, bekannten sich zur Lehre Mohammeds, angezogen von der menschlich klugen Toleranz der Mauren, von ihren wirtschaftlichen und kulturellen Erfolgen, teilweise auch aus opportunen Gründen. Aber ungehindert existierten die Christengemeinden mit ihren Bischöfen weiter, fanden in Toledo Konzile statt. Christen, auch Bischöfe, übernahmen hohe Ämter im Staatsdienst. Am Hof von Córdoba verkehrten christliche wie jüdische Berater, Gelehrte und Künstler.

Fünfundvierzig Jahre nach der ersten Eroberung, im Jahre 756, gründete der Omaijade Abd ar-Rahman I. das unabhängige Emirat Córdoba. Der junge Prinz war in Damaskus als einziger Omaijade der Vernichtung seiner Dynastie durch die Abbasiden entronnen und auf abenteuerlichen Wegen nach Spanien gelangt. Der einäugige, blonde Abd ar-Rahman, der »Knecht des Barmherzigen«, galt als rauher Krieger, doch er brachte die Dattelpalme und den Granatapfelbaum nach Spanien. Er ließ Paläste, Gärten, Bäder und Schulen errichten und kaufte 785 von den Christen das Grundstück mit ihrer Kathedrale, von der schon ein Teil als islamische Gebetshalle diente. Nach dem Abbruch der alten Kathedrale entstand dort, nahe dem Guadalquivir, die Große Moschee, die Mezquita.

Im 10. Jahrhundert, unter dem großen Abd ar-Rahman III., der sich 929 zum Kalifen machte, und seinem Sohn al-Hakam II., erreichte al-Andalus mit der Metropole Córdoba seine überwältigende kulturelle, wirtschaftliche und politische Blütezeit. Dieses Córdoba der Omaijaden, die kultivierteste Stadt des Abendlandes, war gemeint, wenn Bernhard von Clairvaux *Andalusia patria fontium*, Vaterland der Quellen, der Ursprünge, nannte und Herder auf die »Lichtbringer der europäischen Kultur« hinwies. Selbst die Dichterin Roswitha im Kloster von Gandersheim lobte die Stadt der Mauren als *ornamentum mundi:*

Über den Westen strahlt die
leuchtende Zier der Welt,
Córdoba –
Reich an Schönheit, am meisten
durch seine Gelehrten berühmt . . .

Heute vermittelt das Stadtbild nur noch einen Schimmer von dem, was Córdoba einmal war. »Römisch und maurisch, schweigsames Córdoba«, schrieb der Dichter Antonio Machado in unserem Jahrhundert. An die Mauren erinnern Reste der alten Stadtmauer und die großen, verfallenen Wassermühlen am Guadalquivir, erinnern die Altstadtviertel, verwinkelte, blankgescheuerte Gassen, kalkweiße Häuser mit himmeloffenen Innenhöfen. Nicht anders als heute plätscherte zur Maurenzeit im Patio hinter den verschwiegenen Mauern ein Brunnen, umstanden von blühenden Zierpflanzen.

Doch nur die Große Moschee, das vollendete Baukunstwerk der Omaijaden, bezeugt unmittelbar und grandios die goldene Zeit Córdobas, trotz der im 16. Jahrhundert in den rechteckigen Baukörper hineingesetzten Kathedrale, dieser mißglückten Okkupation. Obwohl die Mezquita bis zum Ende des 10. Jahrhunderts dreimal erweitert wurde, blieb ihre kraftvolle, ursprüngliche Geschlossenheit unversehrt. Vom Patio de los Naranjos, dem Orangenhof, kommend, betritt der Besucher den ältesten Teil, für den noch römische und westgotische Säulen Verwendung fanden. Der Mihrab am Kopfende, die nach Mekka gerichtete Gebetsnische, gehört schon der zweiten, unter dem Kalifen al-Hakam II. vorgenommenen Erweiterung.

Faszinierend leuchtet der ornamentale Reichtum aus den abertausend Mosaiksteinchen, aus den steinernen Intarsien, entfalten sich die gefächerten Schmuckarkaden, überwölbt die prachtvolle gerillte Muschel den Innenraum der Nische. Nichts Kostbareres haben die maurischen Künstler hinterlassen. Der Mihrab von Córdoba verkörpert unvergleichlich das Prinzip der maurischen Kunst: das in der höchsten Prachtentfaltung gewahrte Gleichgewicht zwischen Ruhe und Bewegung, zwischen statischer Klarheit und rhythmischem Wechsel der Formen und Materialien. Auch der Weltsicht der Mauren lag ja die »von den Fingern Allahs« gehaltene Dualität von Beständigem und im erdhaften Rhythmus Wechselndem zugrunde.

Originärer als die spätantiken Vorbildern nachgebauten byzantinischen Kuppelmoscheen bewahrt die Säulenhalle der Mezquita die geistige Kraft des frühen Islam. Eine »Festung des Glaubens« wurde die Mezquita genannt. Wer zwischen den achthundertfünfzig schlanken Säulen, unter den doppelten Rund- und Hufeisenbogen einhergeht, denkt unwillkürlich an einen Palmenwald. Möglicherweise erstrebten die Baumeister diesen Eindruck, denn die Dattelpalme war für die zugewanderten Araber und Syrer der Inbegriff ihrer Heimat. Der Gründer der Moschee, der *inmigrado* Abd ar-Rahman I., der in seinem Palastgarten die erste Dattelpalme pflanzte, hat sich selbst in einem Gedicht mit dieser einsamen Palme verglichen.

Es fällt schwer, sich vorzustellen, daß Córdoba im 10. Jahrhundert über 500 weitere Moscheen besaß. Aber drei- bis viermal soviel Menschen wie heute lebten im Stadtbereich. Nachts waren die gepflasterten Hauptstraßen durch Leuchtflammen erhellt. Man zählte 213 000 Häuser ohne die Paläste der Aristokratie, 80 000 Läden und Werkstätten, 80 öffentliche Schulen, deren Besuch kostenfrei war, zahlreiche

öffentliche Bäder, Krankenhäuser und Bibliotheken. Allein die Bibliothek al-Hakams II., des gelehrten Förderers der Wissenschaften und Künste, soll 400 000 Bände umfaßt haben.
Al-Hakams Vater Abd ar-Rahman III. ließ zehn Kilometer westlich von Córdoba auf drei Terrassen der auslaufenden Sierra Morena eine märchenhafte Palaststadt bauen, die er nach seiner Favoritin Medina az-Zahra, Stadt der Blume, nannte. Zehntausend Bauleute arbeiteten rund fünfundzwanzig Jahre am Bau dieser Traumstadt aus Marmor und Gold, geschmückt mit kostbaren Hölzern, Elfenbein und Edelsteinen, von Gärten und Wasserspielen umgeben. Zu den Bewunderern aus aller Welt gehörte der Deutsche Johannes von Görtz, der dem Kalifen eine Botschaft des Kaisers Otto I. überbrachte. Und doch wurde Medina az-Zahra schon am Anfang des 11. Jahrhunderts von fanatisch-asketischen Berbern niedergebrannt. Heute sind die Grundmauern der oberen Terrasse freigelegt. Der mühsam aus den Trümmerstücken rekonstruierte Audienzsaal des Kalifen läßt ahnen, wie prachtvoll Medina az-Zahra einmal war.
Die Stärke der Mauren, ihre ans Wunderbare grenzende schöpferische Leistung, lag im Bereich des Kultivierens. Das galt zunächst der Kultivierung des Bodens und der Landschaft, der Bewässerung und Gartenkunst, der Einführung von Früchten und Pflanzen wie Zuckerrohr, Dattelpalme, Aprikose und Pfirsich. Bestimmte Handwerke entwickelten die Mauren zu Künsten, die zum besten spanischen Erbgut gehören: die Seiden- und Tuchweberei, die Lederverarbeitung, die Fertigung von glasierten Kacheln, Keramik und ziselierten Waffen. Im Mittelalter haben flandrische Tuchweber, rheinische Goldschmiede und die venezianischen Glasbläser von den Mauren gelernt.
Während im christlichen Westen noch etliche Barbarismen

vorherrschten, pflegten die Mauren eine Kultivierung des Zusammenlebens, deren schönste Blüte die Toleranz, die Achtung der persönlichen Würde war. Das Bewußtsein der eigenen Würde, das den spanischen Charakter so nachhaltig prägte, ist maurisches Erbe, wie überhaupt viele maurische Elemente in das spanische Wesen einsickerten. (Der Historiker Américo Castro wies nachdrücklich darauf hin.)

Im christlichen Abendland wurde das Gottesurteil mit Feuerprobe oder Zweikampf erst 1215 kirchlich verboten, als die Mauren schon über einige Jahrhunderte eine aufgeklärte Rechtsprechung übten. Mit den Mauren kam in die eher spröde und unduldsame mittelalterliche Welt eine neue Lebensart; von Andalusien ausgehend, überstrahlte sie den Westen.

Zu den Verfeinerungen des gesellschaftlichen Lebens gehörten das modische Wechseln der Kleider, der festliche Tafelschmuck, der Handkuß, vor allem ein – entgegen anderslautenden Behauptungen – verehrendes Verhältnis zur Frau. Arabisch-andalusische Liebesgedichte feiern die Frau in platonischer, dabei überaus sinnlich-schöner Verklärung. Durch solche Inhalte, nicht nur formal durch das andalusische Kurzgedicht, den *zadjal,* durch die Übernahme bestimmter musikalischer Rhythmen oder von Laute und Tamburin, wurden die provencalischen Dichtersänger angeregt. Aus Bagdad war im 9. Jahrhundert der geniale Musiker Ziryab nach Córdoba gekommen, der die Weisen der persischen Musik übermittelte, die noch heute im andalusischen Flamenco nachwirken.

Viele ihrer Künste und Fertigkeiten hatten die Mauren aus den orientalischen Kulturzentren übernommen. Insofern spielte al-Andalus (wie etwas später Sizilien) den Vermittler zwischen Orient und Okzident. Doch das maurische Spanien bildete einen durchaus eigenständigen Lebens- und Kulturraum, dessen schöpferische Vielfalt das Ergebnis einer Symbiose war. Die Träger der maurischen Kultur waren ja nicht nur reinblütige Araber, Syrer oder Berber, sondern aus der Vermischung mit den Einheimischen und den Westgoten hervorgegangen. Dazu kamen die Juden, die als Übersetzer, Naturwissenschaftler, Mediziner und Philosophen Hervorragendes leisteten – wie der große Arzt und Philosoph Mosche ben Maimon (Maimonides) aus Córdoba, der allerdings in der judenfeindlichen Zeit des 12. Jahrhunderts nach Marokko, später nach Kairo auswanderte.

Ohne Córdoba wäre der Fortschritt der Medizin und Pharmazie im mittelalterlichen Europa gar nicht denkbar. Die Werke maurischer Heilkundiger, wie des bedeutenden az-Zahrawi, der 1106 starb, wurden ins Lateinische übersetzt und noch zur Zeit der Renaissance wiederholt gedruckt. Im lateinischen Westen war noch lange der Steinschnitt üblich, wurde bei vollem Bewußtsein des Patienten operiert, während die Mauren über die feinsten chirurgischen Instrumente verfügten und kontrollierte Narkoseverfahren anwandten. Sie kannten die Antisepsis, sezierten schon früh Leichen oder erforschten die Ursache und Auswirkung von Infektionskrankheiten. Zur Behandlung von Geisteskranken, für die eigene Pflegeanstalten bereitstanden, gehörte die Musik.

Geradezu modern mutet die medizinische Praxis der Mauren an, die Verwendung einfacher, naturgegebener Arzneimittel, auf die Wiederherstellung des Gleichgewichtes der »Lebens- und Leibessäfte« gerichtet. Erst als letzte Möglichkeit wurde der chirurgische Eingriff verordnet. Im Prinzip bevorzugten die Mauren ein Naturheilverfahren, das auf dem Gleichgewicht der Nahrung beruhte. Ein Beispiel aus der medizinischen Enzyklopädie des az-Zahrawi: »Die Feige ist warmer und feuchter Natur ersten Grades. Die beste Art ist die weiße mit offenem Munde. Man wendet sie an für die Nieren, deren

Sand sie auflöst. Ihr Nachteil ist, daß sie füllt und mästet. Man gleicht ihn aus mit Salzbrühe und Getränk von Essig.« Es gab weitere hervorragende Kataloge der natürlichen Arzneien. Ibn Baytar aus Malaga beschrieb im frühen 13. Jahrhundert 1400 Arzneimittel, darunter 300 bisher unbekannte. Andalusien besaß die ersten Apotheken auf europäischem Boden.
Oft waren maurische Ärzte zugleich Dichter, Mathematiker oder Philosophen wie die großen Gelehrten Ibn Badjdja (Avempace) oder Ibn Rushd (Averroes) aus Córdoba. Allein der lateinische Name des Averroes verbürgt die heute kaum noch abschätzbare Ausstrahlung Córdobas auf den christlichen Westen. Averroes' überragende Leistung war die Wiederentdeckung und Kommentierung des Aristoteles. Auf dem Umweg über al-Andalus wurde der griechische Philosoph für das christliche Abendland erschlossen. Die Scholastiker mit Thomas von Aquino bekämpften Averroes und übernahmen doch wesentliche Lehrsätze und Methoden des averroistischen Aristotelismus in ihre Dialektik. Als Aristoteliker und aus der arabisch-maurischen Denktradition kommend, lehrte Averroes, daß die Wahrheit dem menschlichen, vernunftmäßigen Erkennen zugänglich sei, vollzog er die zu seiner Zeit unerhört kühne Unterscheidung von Theologie und Philosophie, von Glauben und Wissen. Averroes kann nur stellvertretend genannt werden für die entscheidenden Anstöße, die das abendländische Denken der islamisch-maurischen Philosophie verdankt.
Die Mauren gründeten ihre wissenschaftlichen Erkenntnisse auf das, was sich dem Erkennenden durch Erfahrung und Experiment bestätigte. Diese empirische Grundmethode, die ja auch im arabisch und maurisch beeinflußten Gelehrtenkreis um Kaiser Friedrich II. in Apulien gepflegt wurde, kam vor allem den exakten Wissenschaften zugute, der Mathematik und den Naturwissenschaften. Die hohe Entwicklungs-

stufe der maurischen Wissenschaften, die Erkenntnisse ihrer Mathematiker und Astronomen, Botaniker und Zoologen, Geologen, Kartographen, Physiker und Historiker, übten einen nachhaltigen Einfluß auf die entstehenden europäischen Fakultäten aus.
Politisch, im Sinne eines durch Macht und Gesetz gefestigten Staatsapparates, waren die Mauren schwächer, als es den Anschein hatte. Als Eroberer hatten sie von der Uneinigkeit ihrer Gegner profitiert. Nach der Gründung des Emirats und Kalifats half ihnen die geschützte Lage der Halbinsel. Ihre Züge nach Norden, bis nach Burgund und zur Tourraine, entbehrten einer sinnvollen strategischen Planung, so daß sie 733 bei Poitiers von Karl Martell geschlagen wurden und künftig diesseits der Pyrenäen blieben.
Das Kalifat der Omaijaden hielt al-Andalus nur so lange zusammen, als ihm Erschütterungen erspart blieben. Bereits die erste kräftigere Herausforderung im beginnenden 11. Jahrhundert zerstörte die politische Einheit für immer. Aus den rivalisierenden Kämpfen der Mauren gingen über zwanzig kleine Fürstentümer und Königreiche hervor, die Taifas. Sevilla löste Córdoba als führende Stadt ab. Mit den Nachfolgern der Omaijaden drangen in den Garten al-Andalus die Berber ein, die Almoraviden. Sie waren kriegerische Nomaden der Sahara, islamische Glaubensfanatiker, die das durch Toleranz und Kultur Geschaffene mit Füßen traten. Zum Glück wurden sie nach sechs Jahrzehnten durch die gemäßigteren Almohaden abgelöst.
Das Erstaunlichste, die bewegende zivilisatorische und kulturelle Kraft der Mauren, ihre prinzipielle Toleranz sollen nicht zu dem Mißverständnis verleiten, als wären nun alle Härten und Grausamkeiten ausgelöscht. Schon Abd ar-Rahman I. ließ, nachdem er eine Truppe des abbasidischen Kalifen besiegt hatte, die Anführer köpfen und ihre eingesalzenen

Köpfe nach Bagdad schicken. Geißel Gottes nannten die Christen den Emporkömmling al-Mansur, der in über fünfzig Kriegszügen bis nach Katalonien und Galicien vordrang. Der kriegswütige al-Mansur eroberte 997 Santiago de Compostela. Er ließ die Glocken der zerstörten Kathedrale von christlichen Gefangenen nach Córdoba schleppen und in der Mezquita als Lampen aufhängen. Das allerdings schlug dem spanischen Nationalstolz eine Wunde, die nie ganz verheilte. Man versteht, wenn eine frühe Chronik zum Tod al-Mansurs vermerkt »Er wurde in der Hölle begraben« und wenn der Nationalheilige Santiago als Leitstern der Reconquista zum Matamoros, zum Maurentöter, wurde.

Aber selbst von al-Mansur hieß es, er habe das Grab des Apostels verschont, weil er dort einen alten betenden Mönch vorfand. Er habe Sonntags Waffenruhe geboten, weil Christen in seinem Heer kämpften.

Zumal nach dem Sturz der Omaijaden herrschte das Gesetz der Wüste. Grausam war al-Mutadid, der sich zum Herrscher von Sevilla machte. Ihm wird nachgesagt, er habe die Schädel seiner getöteten Feinde bemalen und als Blumentöpfe verwenden lassen. Sein Sohn al-Mutamid wiederum war ein Dichter und wird als menschenfreundlich, ritterlich, freigebig und tapfer gelobt. Berühmt wurde seine Ehe mit der jungen, dichterisch begabten Sklavin Rumaikiya. Entzückt von der Verskunst und Schönheit der Sklavin, kaufte al-Mutamid sie los und heiratete sie. Als Rumaikiya den Schnee ihrer Heimat vermißte, ließ al-Mutamid auf dem Abhang vor seiner Residenz einen Wald weißblühender Mandelbäume anpflanzen.

Al-Mutamid, der im Kampf gegen die christlichen Ritter aus Kastilien die Almoraviden um Waffenhilfe bat, wurde selbst ein Opfer der barbarischen Wüstensöhne. Sie eroberten 1091 Sevilla und verschleppten al-Mutamid mit seiner Familie nach

Aghmat im Hohen Atlas. Dort, bis zum Tode in Ketten, schrieb er seine schönsten Gedichte, von denen eines der letzten lautet:

Jedes Ding hat seine Frist,
der Tod selbst stirbt der Dinge Tod.
Das Schicksal hat die Farbe des Chamäleons,
sein Zustand selber ist Veränderung.
. . .
Drum schüttle ab die Welt von dir und ruhe,
denn Erde wird zu Wüste, und Menschen sterben.

Der Verlust der politischen Einheit brachte der kulturellen und künstlerischen Entfaltung keineswegs den Stillstand. Auch die berberischen Glaubensfanatiker konnten das in den Wissenschaften und Künsten Erreichte weder auslöschen noch die Fortentwicklung verhindern.
Im 12. und 13. Jahrhundert, vor dem breiteren Auftrieb der lateinisch-christlichen Mystik des Mittelalters, kam es zu einem wunderbaren Aufblühen der maurischen Mystik. Die Weisheit andalusischer Mystiker erregte weit über die Landes- und Glaubensgrenzen hinaus Aufsehen. Kaiser Friedrich II., dessen Wißbegier im Denken und Forschen ihm den Ruf des *stupor mundi,* des erschreckenden Staunens der Welt, einbrachte, holte sich mit seinen berühmten »Sizilianischen Fragen« theologischen Rat bei dem gelehrten Sufi Ibn Sabin, der den Beinamen »Polarstern des Glaubens« trug. Der in Murcia geborene Ibn Sabin hatte sich, wie auch andere Sufis, in die Einsamkeit der marokkanischen Berge zurückgezogen. Aus Murcia stammte auch der 1165 geborene, doch in Sevilla aufgewachsene Mystiker und Dichter Ibn Arabi, den die Nachwelt als »größten Meister« ehrte. Ibn Arabis Buch »Die Fassungen der Weisheit« zählt über den islamischen Bereich

hinaus zu den großen Werken der Gotteserkenntnis. Wie universal die Mauren dachten, zeigt ein Gedicht des Ibn Arabi:

Mein Herz kann jede Form annehmen:
Es ist eine Weide für Gazellen und
ein Kloster für christliche Mönche.
Ein Tempel für Idole und für die Kaaba
der Pilger, für die Tafeln der Thora
und für das Buch des Korans.
Ich folge der Religion der Liebe:
Wohin auch immer die Kamele
meiner Liebe gehen mögen, dort sind
meine Religion und mein Glaube.

Im almohadischen Sevilla des 12. Jahrhunderts und im nasridischen Granada des 14. Jahrhunderts erreichte die maurische Kultur ihre letzten Höhepunkte. Sie interessieren uns um so mehr, als ihre Spuren noch heute sichtbar und lesbar sind.

Wiederholte Zerstörungen ließen in Sevilla nur wenig von der oft gerühmten maurischen Stadt übrig: Teile der robusten Stadtmauer und am Guadalquivir die Torre del Oro, den Goldenen Turm, der angeblich mit vergoldeten Keramikplatten verkleidet war. Von diesem gedrungenen, zwölfeckigen Turm hinüber zum jenseitigen Ufer konnte zur Sperrung des Flusses eine Eisenkette gespannt werden.

Doch als dominierendes Monument überragt die Giralda die Dächer und Türme der Stadt. Das 1184 erbaute Minarett der Großen Moschee erhielt im 16. Jahrhundert seine heutige Turmkrönung mit der Wetterfahne, dem Giraldillo, und wird darum Giralda genannt. Repräsentativer als das vom selben Baumeister errichtete Minarett von Marrakesch vollendet sich in der Giralda, ihrem schönen Baudekor, dem Wechsel von geflochtenen Rauten und Blendarkaden, der festliche, harmonische Stil der Almohadenzeit. Als Glockenturm blieb das Minarett erhalten, während die Christen nach der Wiedereroberung die Große Moschee abtrugen und an ihre Stelle die riesige Kathedrale setzten.

Im königlichen Palast, dem Alcázar, erinnert nur noch der Patio del Yeso mit dem kleinen Teich an die Almohaden. Nahezu die gesamte übrige Palastanlage mit ihren Patios, Arkaden, Hufeisenbogen, Arabesken und azulejosgeschmückten Wänden, mit Gärten und Wasserspielen stammt aus der zweiten Hälfte des 14. Jahrhunderts, als bereits die christlichen Könige in Sevilla regierten. Aber sie zogen für den Bau maurische Architekten und Künstler heran. So ist der Alcázar ein durchaus bezauberndes Beispiel jenes nachgeschaffenen maurischen Kunststils, mudéjar genannt, der zur Übertreibung neigt, dessen auf Effekt angelegte Künstlichkeit von der originären Kraft der Mezquita wie von der Feinheit der Alhambra gleich weit entfernt ist.

Immerhin trug der Mudéjar-Stil die Kunst der Mauren noch über Jahrhunderte weiter. Es war ja noch lange üblich und modisch, in allen Lebensbereichen die übernommenen verfeinerten Formen der besiegten Mauren beizubehalten, im Bauen, in der Kleidung, im häuslichen und gesellschaftlichen Umgang.

Die Almohadenzeit verlosch im Ansturm der christlichen Reconquistadoren, die aus dem Norden nach Andalusien drängten. Nach der entscheidenden Schlacht bei Las Navas de Tolosa (1212) an der Nordgrenze von al-Andalus eroberten die kastilischen Ritter Stadt um Stadt: 1236 Córdoba, 1238 Valencia, 1243 Murcia, 1246 Jaén, 1248 Sevilla und 1262 Cádiz. Die Ruinen der almohadischen Kastelle, auf ihren Hügeln bei Alcalá de Guadeira, Alcalá la Real, Jaén oder

Baños de la Encina erhalten, sind letzte Zeugen der maurischen Verteidigung.

Nur noch das Königreich Granada hielt sich und wurde zur Zuflucht der Mauren. Noch einmal, unter den Nasriden, leuchteten die maurischen Künste auf. Ihr schönstes Zeugnis ist die Alhambra, die fast gleichzeitig mit dem mudéjaren Alcázar von Sevilla entstand, aber als authentisches maurisches Kunstwerk eine unvergleichlich schwerelose, reife, vollendete Schönheit zeigt. Die Alhambra auf dem Hügel vor den Schneebergen der Sierra Nevada, die so fein und preziös wirkende Summierung von reich dekorierten Sälen, Innenhöfen, Durchgängen, Galerien, von Brunnen, myrtengesäumten Wassern und Gärten bezeugt den überfeinerten Lebensstil der maurischen Endphase.

Man erschrickt vor der verwirrenden Vielfalt dieses grazil verteilten Komplexes und hält sich an einzelne Namen: an den Patio de los Arrayanes, den Myrtenhof mit dem länglichen Teich; an die Sala de las Dos Hermanas, den Saal der zwei Schwestern, ein pures Schmuckgebilde mit prächtiger Stalaktitendecke; an den Patio de los Leones, den Löwenhof mit den zwölf wasserspeienden Marmorlöwen, die auf ihren Rücken die runde Brunnenschale tragen, vollendeter Mittelpunkt des Paradiesgartens, der zur Maurenzeit mit Blumen und wohlriechenden Kräutern bepflanzt war. Sind die Löwen nicht Sinnbilder der zwölf Sonnen des Tierkreises, der zwölf Monate, die das »Meer« des Lebens tragen, das ewig fließende lebendige Wasser?

Soviel verführerische Schönheit weckt die Frage nach den Auftraggebern und Erbauern. Sie waren nicht nur Träumer, sondern geniale Architekten, Kunsthandwerker und Techniker. Das Wasser, das noch heute die Brunnen speist, wurde von den maurischen Wasserbautechnikern aus der Sierra Nevada heruntergeleitet. Die Bäder waren vortrefflich ausge-

stattet und mit Mischanlagen versehen. Im Boden des Saales der Königin waren durchlöcherte Marmorplatten eingelassen, aus denen der Duft aromatischer Öle aufstieg. Das verrät gewiß eine schon dekadente Verfeinerung, zeigt aber auch wie die ganze Alhambra eine Baugesinnung, die menschlicher ist als der monumentale Palast Karls V., ein Bau, der sich brutal gegen die maurische Architektur stemmt.
Am Becken des Löwenbrunnens sind die Verszeilen zu lesen: »Die Quelle fließt und verbirgt sich – der Geliebten gleich: furchtsam verbirgt sie die Tränen, sich nicht zu verraten.« Mit Tränen, nicht mehr verborgen, schloß die Geschichte der Mauren in Granada. Es heißt, als der letzte Nasridenkönig Boabdil nach der Übergabe am 2. Januar 1492 abzog, habe er weinend zurückgeblickt. Seine Mutter Aisha soll ihn mit den Worten verspottet haben: »Weine nicht wie ein Weib, da du nicht kämpfen mochtest wie ein Mann.« Als Ort dieses legendären Rückblicks gilt eine Anhöhe südlich von Granada, Puerto del Suspiro del Moro (Seufzer des Mauren) genannt. Boabdil konnte sich in die Alpujarras zurückziehen. In den kleinen Dörfern dieses wilden, küstennahen Berglandes lebte die maurische Tradition am längsten weiter.
Boabdil hat Granada den katholischen Königen Ferdinand und Isabella kampflos übergeben, um die Alhambra und die Stadt vor der Zerstörung zu bewahren. So blieb in Granada mehr erhalten als anderswo. Aus der frühen Zeit vor den Nasriden stammen die Reste der Alcázaba, der Maurenburg auf der Westspitze des Alhambraberges und unterhalb, am wasserarmen Darro, die Anlagen des arabischen Badehauses, des Bañuelo. (Nur noch in Jaén und im katalonischen Gerona findet man ähnliche Bäder.)
Rein maurisch ist das Viertel des Albaicín auf dem Hügel gegenüber der Alhambra. Verwinkelte steigende und fallende Gassen, weiße, kubische Häuser mit Innenhöfen und winzi-

gen Gärten, vereinzelt arabische Inschriften, arabische Zisternen, denen noch heute das Wasser aus der Sierra zufließt. Alter und Verwahrlosung haben ihre Spuren hinterlassen, mehr als in den Altstadtvierteln von Córdoba und Sevilla. Im Daralhorra-Palast soll die Mutter Boabdils gewohnt haben. Noch andere halbwegs erhaltene Häuser, der Alcázar Genil, die Casa de los Girones, der Cuarto Real de Santo Domingo, zeigen, wie maurische Fürsten in der Stadt wohnten. Im Zentrum Granadas überlebten zwei maurische Besonderheiten: der Corral del Carbón, die einzige nahezu unbeschädigt erhaltene Karawanserei Spaniens, und die puppenhaft kleine Alcaicería, das alte maurische Ladenviertel mit seinen bogengeschmückten Gäßchen.

Das noch heute im maurischen Spanien Sichtbare, das Erbe der Mauren in der Architektur und den bildenden Künsten, repräsentiert nur einen geringen Teil der maurischen Kultur. Doch er ist großartig genug, unsere Bewunderung zu wecken. Spanien und das entstehende Europa verdankten der vermittelnden und eigenschöpferischen Leistung der Mauren, der »Lichtbringer«, wie Herder schrieb, nicht weniger als den »ersten Funken einer wiederkommenden Kultur«.

Laßt uns nach Santiago ziehn

Dies ist eine der merkwürdigsten Geschichten, die das Mittelalter schrieb. Sie entsprang einer Legende, einer Irrealität, einem puren Nichts. Es wäre müßig, nach der vorgegebenen geschichtlichen Realität zu fragen. Es gibt sie nicht nach den Regeln vernunftmäßiger Beweisbarkeit. Aber wir kennen die Legende, das geglaubte Wunder, aus dem das Einverständnis der Gläubigen eine neue Realität schuf, in ihrer Auswirkung für uns heute unvorstellbar. Die Verehrung des Sankt Jakob, des Sant Yago (Santiago), lokalisiert auf einen kleinen, unbedeutenden Flecken im fernen spanischen Galicien, löste die größte Pilgerbewegung des Mittelalters aus.
Vom 12. bis ins 16. Jahrhundert stand Santiago de Compostela gleichbedeutend neben Jerusalem und Rom, ja die geschichtlich legitimierten ersten Pilgerstädte der Christenheit zeitweise übertreffend. Tausende und Abertausende von Pilgern aus allen Teilen Europas kamen über die Pyrenäen, die meisten zu Fuß. Über achthundert Kilometer führte der Jakobsweg, der Camino de Santiago, bis ins entlegene grüne Galicien. Es bedarf keiner Phantasie, die Mühen der Pilger auszumalen, Wochen und Monate unterwegs im fremden Land, oft von Krankheiten geplagt, öfter von Wegelagerern und Beutelschneidern, ein Abenteuer sondergleichen. Die einheimischen Bauern sagten dem vorüberziehenden Pilger nach: Camino de Compostela – non sei si alí chegará – Weg

nach Compostela, nicht weiß ich, ob er dort ankommen wird. Was bewegte die Pilger, aufzubrechen mit Pelerine, Wanderstab und Pilgerflasche, die Muschel, das Zeichen der Jakobspilger, am breitrandigen Hut? Was drängte sie, Leibesgefahren, Plackereien und Opfer auf sich zu nehmen? Am Grab des Apostels erwarteten sie keine Wunderheilungen wie andernorts. Santiago, im Volksglauben der »Bruder Christi«, war selbst das Wunder. Durch Santiago, so heißt es im zeitgenössischen Codex Calixtinus (12. Jh.), habe Christus den Erzfeind endgültig besiegt und die Christenheit erleuchtet.
Was die Pilger nicht ahnen konnten, war die Jahrhunderte übergreifende beispiellose Auswirkung des Jakobskultes. »Die spanische Geschichte wäre undenkbar ohne den Kult des Apostels Jakobus und ohne die Pilgerfahrten nach Santiago de Compostela«, schrieb Américo Castro. Nicht nur siegte das christliche Spanien im Zeichen Santiagos und mit seinem Namen als Schlachtruf über die maurischen Invasoren. Der Jakobskult begründete nicht nur die politische Einheit Spaniens, alle regionalen Eigeninteressen und die Auseinandersetzungen der Christenkönige überwindend. Als die Mauren ganz Spanien, bis auf einen schmalen Landstreifen im Norden, erobert hatten, hielt der Jakobsweg die Verbindung mit dem christlichen Europa aufrecht. Die Pilgerstraße verhinderte die drohende Isolierung Spaniens.
Im Gefolge der Pilgerströme aus Mitteleuropa, aus England und den skandinavischen Ländern nahmen Handel und Gewerbe einen stetigen Auftrieb. Die Pilgerstraße wurde zur Brücke eines einzigartigen Kultur- und Kunstaustauschs, der die Pyrenäengrenze übersprang und bis ins ferne Santiago de Compostela wirkte, sichtbar in den romanischen und gotischen Klöstern, Herbergen, Hospizen und den großen Kathedralen am Rand des Camino de Santiago.
Gewiß unternahmen die asturischen, leonesischen und kasti-

lischen Könige alles, aus dem Jakobskult politisches Kapital zu schlagen. Schon 1072, als die Mauren noch gut drei Viertel der Iberischen Halbinsel beherrschten, ließ König Alfonso VI. verkünden, daß »auf der Macht des Apostels das Land und die Regierung ganz Spaniens gründet«. Unter dem politisch ehrgeizigen Don Diego Gelmírez, seit 1124 Erzbischof von Compostela, erlangte die Jakobsstadt ihr höchstes weltweites Ansehen und konkurrierte bereits mit Rom. Der mehr weltlich als geistlich orientierte Erzbischof soll erwogen haben, den Vorrang Roms abzuschaffen und das kirchliche Primat auf Santiago de Compostela zu übertragen. Und zeitweise beanspruchten die selbstherrlichen Bischöfe von Compostela die Papstwürde, nannten sich »Pontifex« und setzten Kardinäle ein. Immerhin galt für arabische Historiker nicht mehr Rom, sondern Compostela als »das Mekka der Christen«.

Ein durch die Dynamik der Pilgerbewegung gedeckter, aber fast an Vermessenheit grenzender Vorgang, ausgelöst durch ein rätselhaftes, legendäres Ereignis, dessen erste Begleitumstände schon den höchsten Rang beanspruchten. Nach der Legende wies ein Stern auf das Apostelgrab nahe der galicischen Küste, und bei seiner Entdeckung sangen »himmlische Chöre«.

Der »wahre Jakob«

Es ist umstritten, ob im Neuen Testament zwei oder drei Träger des gleichen Namens Jakobus bezeugt sind. Ihre Verwechslung ließ schon früh die Redensart vom »wahren Jakob« aufkommen. Ob es einen dritten Jakobus gab, einen »Herrenbruder« oder Vetter Jesu in der Gefolgsschar des Nazareners oder ob er identisch ist mit dem Apostel Jakobus dem Jüngeren, dem Sohn des Alpäus, spielt in unserem

Zusammenhang keine Rolle. Denn der »wahre Jakob« von Compostela ist Jakobus der Ältere, einer der vertrautesten Apostel Jesu. Seine Identität ist gesichert. Als Sohn des Fischers Zebedäus und der Salome lebte er wie sein jüngerer Bruder Johannes (Evangelista) vom Fischfang. Er starb als erster Apostel um das Jahr 44 in Jerusalem den Märtyrertod. Jakobus hat niemals in Galicien oder Andalusien missioniert, wie eine ältere spanische Legende glauben macht. Doch die eigentliche Legende, die mit der Auffindung des Jakobsgrabes zusammenhängt, verfährt anders. Jünger des Apostels, so heißt es, hätten den Leichnam des Jakobus nach dessen Märtyrertod in ein Boot ohne Ruder, ohne Segel gelegt. (Möglicherweise wurde der ja mehrere Male umgebettete Leichnam des Jakobus tatsächlich auf diese oder ähnliche Weise vor den Mohammedanern in Sicherheit gebracht.) Nach siebentägiger Fahrt über das Mittelmeer, durch die »Säulen des Herkules« und entlang der portugiesischen Küste sei das Boot nahe Iria Flavia, dem heutigen Padrón, gestrandet. Die Ankunft des Heiligen habe ein erstes Wunder bewirkt: Ein Fürst, der mit seinem Pferd vor der Küste ertrunken war, sei errettet worden und, mit Muscheln bedeckt, aus dem Meer wieder aufgetaucht. An dieses Wunder erinnert die Muschel, das Wahrzeichen der Jakobspilger.

Die Apostelschüler Theodorus und Athanasius, so heißt es, bestatteten den Leichnam Sankt Jakobs in einem Grab nahe der Küste. Offenbar hatten sie an der Überfahrt teilgenommen. Vor ihrem eigenen Tod baten sie die Einheimischen, an der Seite ihres Meisters beigesetzt zu werden.

Die geschichtliche Realität begann Jahrhunderte später, im Jahre 813. Ein Eremit wurde durch einen hell leuchtenden Stern und himmlischen Gesang auf die Grabstelle aufmerksam. Da die Zeichen sich wiederholten, meldete er dies dem

Bischof von Iria Flavia, der mit seinen Klerikern herbeieilte und ein römisch ausgestattetes Grab und zwei weitere Grüfte entdeckte. Nach dem Stern, der den Findern den Weg wies, wurde der Fundort Feld des Sterns, Campus Stellae, genannt, woraus später wahrscheinlich die Ortsbezeichnung Compostela entstand.

Nicht die legendäre Ausschmückung ist das Überraschende, sondern die Tatsache, daß die Entdeckung auf der Stelle und ohne jeden Zweifel als das Grab des Apostels Jakobus erkannt wurde. Denn wir wissen nicht, ob außer der Legende auch nur der geringste reale Beweis für die Echtheit bürgen konnte. Wir wissen nur, daß der wunderliche Fund und damit Sankt Jakob für Spanien spontan eine außerordentliche Bedeutung gewann. Der aturische König Alfonso II. brach von seinem Hof in Oviedo sofort nach Iria Flavia auf und erklärte Jakobus zum Patron Spaniens. Er ließ über dem Apostelgrab die erste Kapelle errichten. Und noch im selben Jahr 813 bestätigte Papst Leo III. in einem Sendschreiben die Echtheit der Reliquien des »Amigo del Señor« und das Patronat über Spanien.

Bis in die Gegenwart ist Spanien, ist das selbstbewußte und sensible Geschichtsbewußtsein der Spanier davon geprägt, daß sich die Staatswerdung Spaniens im Zeichen des Kreuzes und im Kampf gegen den Islam vollzog. Wie in keinem anderen Land Europas bildet die religiöse und die weltliche Geschichte Spaniens eine Einheit, die im Jakobskult ihren stärksten Ausdruck fand. Dieser lebensnotwendige Zusammenhalt formte das spanische Eigenschicksal und begründete ein religiös-politisches Selbstverständnis, das in seiner innerspanischen Auswirkung wie im Verhältnis zum Ausland dem Nichtspanier manche Rätsel aufgibt.

Vom Fischer zum Maurentöter

Die erstaunlichste Wandlung, die einem Heiligen je widerfuhr, machte aus dem Fischer Jakobus den kriegerischen Matamoros, den Maurentöter. Nach der Chronikschilderung der sagenhaften Schlacht von Clavijo (um 844) griff Santiago hier zum erstenmal persönlich ein, um ein maurisches Heer vernichtend zu schlagen. Er ritt auf einem weißen Pferd, mit dem Schwert in der Hand kämpfend, in der Linken die Fahne. Ein Bild, das über Jahrhunderte in zahlreichen Darstellungen spanischer und europäischer Maler und Bildhauer wiederkehrt.

Nach frommer Überlieferung hatte der asturische König den Mauren als Tribut jährlich hundert christliche Jungfrauen zu übergeben, und die Verweigerung des Jungfrauentributs soll zur Schlacht von Clavijo, südlich von Logroño, geführt haben. Nun weiß man zwar, daß nordspanische Könige nicht selten ihre eigenen Töchter maurischen Fürsten zuführten. Doch nach neuerer Forschung gilt der Jungfrauentribut als eine im 12. Jahrhundert entstandene Legende und wird angezweifelt, ob die vielgerühmte Schlacht überhaupt stattfand. Das hieße: wieder einmal übertrifft die Legende die Realität, schlägt die Legende um in eine neue Realität, die sich als die treibende Kraft zur Rückeroberung Spaniens auswirkte. Gegen den maurischen Schlachtruf »Mohammed« setzten die spanischen Christen ihren Ruf »Santiago«. Im bewußten Gegenzug zum Heiligen Krieg des Islam proklamierten die Christen, lange vor den Kreuzzügen, aus der seltsamen Mischung von frommem und kriegerischem Kult ihren Heiligen Krieg.

War der Jakobskult nach rationaler Denkart eine Erfindung, so war er eine geniale Erfindung. Denn wie anders wollten die spanischen Christen die unüberbietbare Übermacht der

Mauren überwinden als durch ein Wunder oder – verständlicher gesagt – durch den Glauben an eine wunderbare Kraft, die ihnen beistand und ihren endgültigen Sieg sicherte.
Völlig aussichtslos war die Lage der Christen, als der schreckliche Almansur, der Heerführer des Kalifen von Córdoba, im Jahre 997 bis nach Galicien vorrückte. Almansur, die Geißel Gottes genannt, wollte die Jakobsstadt, das Zentrum des religiösen und militanten Kultes, ein für allemal auslöschen. Während die Bewohner geflohen waren, ließ Almansur Compostela und die erste Kathedrale bis auf den Grund zerstören. Aber er verschonte in respektabler Inkonsequenz das Apostelgrab und einen alten Mönch, der am Grab betete. Es heißt auch, Sklaven hätten das erbeutete Gerät und die Glocken der Kathedrale nach Córdoba geschleppt. Dort, in der Großen Moschee, hätten die Glocken später als Lampen gedient.
Nach dem Abzug der Mauren, nachdem sie noch Padrón und andere Orte niedergebrannt hatten, kehrten die verschreckten Galicier in ihre zerstörten Städte zurück. Im 11. und 12. Jahrhundert wurde Compostela neu aufgebaut, großzügig und repräsentativ, wie es dem wieder erstarkten Ruhm Santiagos entsprach. Nie wieder betraten die Mauren galicischen Boden. Eigene Schwierigkeiten, die Aufteilung des Kalifats in Kleinreiche fesselten sie an die mittleren und südlichen Regionen. Und schon drangen die Stoßkeile der Reconquista, der Wiedereroberung, über den Duero, den Tajo.
Während die christlichen Ritter ihren Ruf »Santiago y cierra«, Santiago und vorwärts, nach Süden trugen, erreichte im Norden die friedliche Invasion unablässig wachsender Pilgerströme ungeahnte Ausmaße. Die Mönche von Cluny, Bruderschaften und Orden förderten die Pilgerbewegung, übernahmen die Organisierung der gigantischen übernationalen

Wallfahrt. In der Jakobsstadt entstand in den Jahren 1075 bis zur Weihe 1128 die größte romanische Basilika der Christenheit. Ihre Architektur, ihre herrlichen romanischen Bauplastiken sind unter der später zugefügten barocken Ummantelung nahezu vollständig erhalten.

In der Kathedrale Santiagos triumphiert nicht mehr der kriegerische, sondern der fromme Kult. Und selbst der Maurentöter Jakobus auf seinem galoppierenden Pferd, dargestellt in einem Tympanon, hält denkbar unkriegerisch das Schwert, umgeben von lächelnden Betern. Fast hat es den Anschein, als wollten die Bildhauer im Spiel der Kunstformen, in der Sanftheit und heiteren Gelöstheit ihrer Figuren ein Gegenbild schaffen. Propheten und Heilige lächeln. Die vierundzwanzig Ältesten der Apokalypse im Bogen über dem Hauptportal tragen Saiten- und Blasinstrumente in den Händen, laden ein zu einem himmlischen Konzert.

Camino de Santiago

Auf der Paßhöhe von Roncesvalles (1057 m) standen wir vor dem alten steinernen Pilgerkreuz und lasen auf einem Wegschild: »Camino de Santiago – A Santiago 787 Kilómetros.« Ein paar graue Steinhäuser, ein verwittertes Kloster, Santiago-Kapelle und Gasthof, umgeben von regenfeuchten Bergwiesen, von Föhren und Laubwald. Der naßkalte Wind hatte die Vögel verstummen lassen. Eine vornehme Gesellschaft war in blumengeschmückten Autos den Fünfzig-Kilometer-Weg von Pamplona heraufgefahren, um in Roncesvalles eine Hochzeit zu feiern.

Warum wählten sie diesen heute stillen, für eine aufgeputzte Gesellschaft kaum geeigneten Rastort? Aus der Erinnerung an Santiago oder an den Sagenhelden Roland, den Paladin des Kaisers Karl, der hier kämpfte und fiel, als er die Nachhut der

Franken über die Paßstraße führte? Rolands Zauberhorn Olifant, bei dessen Klang die Vögel tot herabfielen und die Feinde davonliefen, war nach dem dritten Hornstoß zerbrochen. Sein legendäres Schwert Durandal schleuderte der tödlich verwundete Ritter ins Wasser. Man kennt die Legenden aus dem französischen Chanson de Roland (um 1100) und dem deutschen Rolandslied des Pfaffen Konrad (12. Jh.). Aber es waren keine Sarazenen, gegen die Orlando Furioso kämpfte, wie vor allem die italienische Version berichtet (noch heute Stoff für die sizilianischen Puppenspieler), sondern robuste navarresische Freischärler.
Als die Rolandssage niedergeschrieben wurde, zogen bereits die Pilgerscharen über die legendär umkämpfte Paßstraße. Die Pilger, die, vom französischen Valcarlos kommend, den beschwerlichen Weg über die Pyrenäen gegangen waren, fanden in Roncesvalles eine Herberge und ein Hospiz. Noch zweimal stieg der Weg erheblich an, bis sich den Weitergehenden ein breites, grünes Tal von schweizerischer Anmut öffnete, durch das sie hinunterschritten nach Pamplona.
Strapazenreicher war die zweite Route, die über den steilen Pyrenäenpaß von Somport, dann durch das aragonesische Hochland führte, über Jaca, San Juan de la Peña, Yeso, Sangüesa. Südlich von Pamplona, in Puente la Reina, vereinigten sich die beiden Zugangsstraßen. Eine Wegkarte aus dem Jahre 1621 verzeichnet die einzelnen Etappen des Camino de Santiago, der auch einfach La Calzada oder französische Straße hieß. Nach dem Knotenpunkt Puente la Reina durchwanderten die Pilger: Estella, Logroño, Santo Domingo de la Calzada, Burgos, Frómista, Sahagún, León, Astorga, Villafranca del Bierzo und Puertomarín. Tagaus, tagein zogen sie durch wechselnde Landschaften, durch die Weingegend La Rioja bei Logroño, über die endlose kastilisch-leonesische Hochebene, durch das Tal des Bierzo. Und

noch zweimal schoben sich Bergriegel vor das ferne »gelobte Land« Galicien, bis die Pilger auch die letzte Höhe erklettert hatten, Montjoie, Berg der Freude genannt, weil nun vor ihren Blicken das grüne Tal mit der Jakobsstadt lag.

Man kann den Jakobsweg noch heute gehen oder fahren, und man wird staunen über den Reichtum an architektonischen und bildhauerischen Kunstwerken. Nicht nur die berühmten Kathedralen von Burgos und León entstanden im Zuge der Pilgerbewegung, sondern zahlreiche wenig bekannte Klöster, Kirchen, Herbergen, Hospize und Wegzeichen. Längs des Jakobsweges entfaltete sich die aus Frankreich eingeschleuste romanische und gotische Baugesinnung in eigener, eigensinniger Prägung.

Die Mönche von Cluny, die eifrigsten Förderer der Pilgerbewegung, gründeten am Rand der Pilgerstraße eine Kette von Klöstern. Orden und zahlreiche Bruderschaften boten den Pilgern Unterkunft, Verpflegung und Schutz. Allein Burgos verfügte über vierunddreißig Hospize und Herbergen. Oft genug wurden die Pilger geprellt, fielen sie betrügerischen Wirten oder Straßenräubern in die Hände. Nicht selten verzeichnen deutsche Kirchenbücher, einer sei »auf Sankt Jakobs Straß bliben«. Eine gemischte Gesellschaft war unterwegs. Nicht nur biedere, fromme Leute oder die schwedische Prinzessin Ingrid, die 1210 den langen Weg zu Fuß absolvierte. Abenteurer steckten die Jakobsmuschel an ihren Hut. Brandstifter und andere Rechtsbrecher wurden zur Bußwallfahrt verurteilt, ein praktisches Mittel, Verbrecher auf längere Zeit auszubürgern.

Zum Nutzen der Jakobspilger entstand um die Mitte des 12. Jahrhunderts der erste Reiseführer Europas. Er wurde aufgenommen in den genannten Codex Calixtinus, der wertvollsten Handschrift im Besitz der Kathedrale, und unterrichtete genau über die Wegstrecken, Herbergen, Kirchen und Klöster, über Eßsitten und »schlechte Wasser«, über die Beschaffenheit des fremden Landes und der Jakobsstadt. Andere Reiseführer und Reiseberichte, auch deutsche wie französische und englische, folgten und dokumentierten die herausragende Bedeutung der Pilgerfahrt.

Über mindestens vier Jahrhunderte währte die große Zeit der meistbegangenen Pilgerstraße Europas, der ersten internationalen Touristenstraße im Mittelalter. Im 16. Jahrhundert, nach der Reformation, verringerte sich der Anteil der Deutschen und der Engländer. Zudem befürchteten die Spanier, die Pilger würden die neuen Reformideen über den Jakobsweg in ihr Land tragen. Die Beauftragten der Inquisition verhörten und durchsuchten die Pilger an den Grenzübergängen. Aber auch in Spanien verlor der zur militanten Gegenkraft gesteigerte Jakobskult nach dem Sieg über die Mauren seine hohe aktive Wirkkraft. Überspitzt könnte man sagen, Sankt Jakob habe als Leitbild der Reconquista und Matamoros seine Aufgabe erfüllt. Mit dem Aufkommen eines mehr wissenschaftlich ausgerichteten Zeitgeistes meldeten sich erste Zweifel an der Echtheit des Jakobsgrabes. Im 16. Jahrhundert gestand ein Kleriker der Santiago-Kathedrale einem englischen Arzt, der erwartungsvoll zur Jakobsstadt gepilgert war, »weder ein Ohrläppchen noch ein Knöchelchen des Heiligen« befinde sich in seinem vorgeblichen Grab. Einem neuen Lebensgefühl entsprach die Verehrung der frommen Mystikerin und lebensklugen Ordensfrau Teresa von Avila (1515–1582). Bis ins 17. Jahrhundert bewegte die Spanier die Frage, ob nicht der großen Santa Teresa offiziell das Patronat über Spanien zugesprochen werden sollte. Doch Santiago blieb der Patron Spaniens, und weiterhin zogen gläubige Pilger, wenn auch in verringerter Zahl, über den Camino de Santiago zur Jakobsstadt.

Wer einmal in Santiago war, spricht vom Regen. Aber wir empfanden den milden, in dünnen Strähnen niederfallenden Regen nicht als unangenehm. Er trocknet schnell, läßt blanke Steine und erfrischte Gärten in der leicht gehügelten Stadt zurück. Für die Pilger muß es ungemein reizvoll gewesen sein, wenn sie von der trockenen, heißen Hochebene Kastiliens und Leóns herüberkamen ins feuchte und grüne Galicien, wo sich der Geruch der Wiesen, Pinien, Kiefern und Eukalypten mit dem Geruch des Meeres mischt. Weit landeinwärts ziehende fjordähnliche Rías, im Volksmund »ertrunkene Täler«, und die Wiesenhügel, weiches, diffuses Licht und ziehender Nebel lassen an Irland und die Bretagne denken.

Auf keltische Ursprünge, so sagte uns der galicische Schriftsteller Castroviejo, weise die den Gallegos eigentümliche Mischung von nüchternem Realismus und schweifender Phantasie, auch ihre Empfänglichkeit für mysteriöse Phänomene. Sie sind tüchtig und oft erfolgreich, wo immer sie »Spanien mit Anwälten, Politikern, Lastträgern, Polizisten und Erntearbeitern versorgten« (Madariaga). Aber zugleich beherrscht sie eine angeborene Neigung zum Träumerischen und zur Poesie. Und bis in die Neuzeit hielten sich in Galicien merkwürdige abergläubische Praktiken. So erhofften unfruchtbare Frauen Kindersegen, wenn sie um Mitternacht bei Padrón siebenmal ins Meer gingen, dort also, wo nach der Legende das Boot des Jakobus strandete.

In Santiago konzentriert sich das religiöse und kulturelle Leben Galiciens, Tradition und Selbstbewußtsein dieser eigenwilligsten und exzentrischen spanischen Region, auch die Pflege der galicischen Sprache, die dem Portugiesischen verwandt ist. Obwohl das bäuerliche Leben in die Stadt

drängt, spürt man besonders im Zentrum den geistlichen und geistigen Vorrang, dessen Brennpunkte noch heute die Kathedrale und die Universität sind.
Wenn Santiago zu den schönsten Städten Spaniens zählt, so hängt das unmittelbar mit dem Ruhm Sankt Jakobs zusammen, mit dem repräsentativen Aufbau als Jakobsstadt im romanischen Mittelalter. Spätere Hinzufügungen, gekrönt durch barocke Bauwerke, erweitern die Stadtarchitektur, ohne ihrer Geschlossenheit zu schaden. Den weiten Platz vor der Kathedrale, die Plaza de España, einen der eindrucksvollsten und festlichsten Plätze Spaniens, säumen der wehrhafte romanische Palast des Erzbischofs Gelmírez, das Hostal de los Reyes Católicos, einst königliche Pilgerherberge, mit prachtvoller plateresker Fassade, der Palacio Rajoy aus dem 18. Jahrhundert, heute das Rathaus. Doch die Blicke richten sich auf die hohe, imposante Barockfassade der Kathedrale, zu der von steinernen Geländern verzierte Quertreppen hinaufführen.
Erst hinter der barocken Fassade, dem Obradoiro, liegt der romanische Pórtico de la Gloria, der seinen Namen zu Recht trägt.Kunstkenner bezeichnen den Pórtico mit den Skulpturen des galicischen Meisters Mateo (12. Jh.) als Höhepunkt der gesamten romanischen Bildhauerei. Aber auch die älteren Reliefskulpturen an der südlichen Puerta de las Platerías zählen in ihrer Bewegtheit, ihrem milden Realismus zu den schönsten Werken der Romanik. Ich denke an den König David, der gelassen auf der Fiedel spielt, sitzend und die Beine gekreuzt, während sich unter seinen Füßen eine monströse Bestie krümmt. Unübertrefflich noch in jeder Falte, in der Stellung der Füße, in der angedeuteten Körperlichkeit, im Gesichtsausdruck schlug der Bildhauer aus dem körnigen Stein seinen Gottvater, der Adam erschafft, indem er seine Hand auf das Herz Adams legt.

Noch in der Symbolsprache ist es eine unverstellte, mitteilfreudige, ja heiter gelöste Kunst, die unmittelbar anspricht. Mit dieser Bildersprache waren die Pilger vertraut. Noch heute legen sie ihre Hand an eine schon ausgehöhlte Stelle der Mittelsäule, den Baum Jesse, an der Innenseite des Pórtico de la Gloria. Am Fuß der Säule kauert eine Figur, angeblich das Selbstporträt des Meisters Mateo, deren Stirn Kinder mit dem Kopf berühren. Sie sollen durch die körperliche Berührung teilhaben an der Klugheit und Gesinnung des großen Bildhauers.

Oft, wenn die Herbergen überfüllt waren, lagerten die Pilgergruppen in der Kathedrale oder auf den Emporen. In rührender Weise schildert dies Gabriel Tetzel aus Nürnberg, der im Jahre 1465 in die Jakobsstadt kam. Der Deutsche bewunderte die »schone weite grosse kirchen mit kostlichen steinen säulen von steinwerk erbaut«. Aber er klagte, »das es zu disem mal wüst darinnen stund. Es stunden pferd, kü; auch hetten si all haus, kocheten und lageten darinnen«. Es war auch üblich, daß die Ärmsten der Pilger ihre schmutzigen und zerschlissenen Kleider ablegten und aus dem Fonds der Kathedrale neue oder wenigstens saubere Kleider erhielten. Die abgelegten Lumpenfetzen wurden in einem großen Steinbecken auf dem Chordach verbrannt. Daran erinnert ein bronzenes Kreuz am Ansatz des Chordaches, das Croz de Farapos, das Kreuz der Lumpen.

Um in der Kathedrale, angesichts der einlogierten sehr gemischten und von weither gekommenen Pilgergruppen, Seuchen und Krankheiten vorzubeugen, bediente man sich eines originellen Mittels. Große, weithin geschwungene Weihrauchkessel verbreiteten desinfizierende oder zumindest wohlriechende Duftwolken. An diese mittelalterliche Beräucherung erinnert der riesige silberbeschlagene Weihrauchkessel, der Botafumeiro, der heute als beliebtes Schaustück während der Liturgiefeier vorgeführt wird. Sieben rotgekleidete Männer tragen den schweren, gut eineinhalb Meter hohen Silberkessel ins Mittelschiff. An einem kräftigen Seil unter der dreiunddreißig Meter hohen Vierungskuppel wird der mit glühender Holzkohle und Weihrauch gefüllte Botafumeiro befestigt, hochgezogen und tüchtig geschwungen. Fauchend und funkensprühend, mächtige Rauchwolken ausstoßend, fliegt er bis zu zwanzig Metern und mehr hinauf in die Seitenschiffe nach rechts und links. Ein allein in Santiago erlebbares Schaustück, während die Pilger ihre alten Lieder anstimmen und die hellen Klarinetten erklingen.

Santiago ist keine museale Stadt, keine Stadt, der die Vergangenheit zur Last wurde. In den Gassen, nicht nur in der bewunderten Rúa del Villar oder der Rúa Nueva, deren breite Arkaden vor dem Regen schützen, pulsiert das tägliche Leben. Die ältesten Häuser sind noch bewohnt oder beherbergen Schulen und Institute. Gelernt wird viel in Santiago, und in den frühen Abendstunden wächst der Andrang junger Leute in den Gassen und Tavernen nahe der Plaza de Toral. Die galicische Küche wetteifert mit der baskischen im Auftischen der schmackhaftesten Meerestiere, des Pulpo, des Tintenfischs vor allem, oder kräftiger, scharf gewürzter ländlicher Gerichte wie der weißen Bohnen mit Wurst und Safran. Und der Regen kommt und geht wie die Pilger, Touristen, die lernbegierigen Studenten, die Kleinbauern der Umgebung, die ihre Kuh oder ihre Früchte zum Markttag bringen.

Man sagt, Santiago sei eine stockkonservative Stadt. Aber Santiago, nicht weit von der windgepeitschten Felsenküste, der die Alten den Namen Finisterre, finis terrae, gaben, liegt nicht mehr am »Ende der Welt«. Santiago, die alte, von Tradition geprägte Stadt, erfährt durch den ebenfalls traditionellen Zustrom der Fremden, durch die Universität, zahlreiche Ausbildungsstätten und Institute, durch den intellektuellen Kontakteifer der Gallegos eine ständige Verjüngung und Vitalisierung. Nicht selten erscheinen in Santiago Übersetzungen der neuesten europäischen Literatur in galicischer Sprache vor der Übersetzung ins Spanische. Die Einwohner wären keine Gallegos, würden sie nicht jeder Anpassung trotzen und der staatlichen Obrigkeit gegenüber ihre galicische Eigenart behaupten.

Wie in früheren Jahren ziehen am Jakobstag, dem 25. Juli, die Pilger in die Kathedrale, heute vorwiegend Spanier, kräftig gemischt mit Touristen aus aller Welt. Der Zustrom wächst, wenn der Jakobstag auf einen Sonntag fällt und demzufolge ein »Heiliges Jahr« gefeiert wird. Ein Privileg, das seit dem 12. Jahrhundert besteht, das Santiago noch vor der Einführung des römischen »Heiligen Jahres« als einzige Stadt besaß und noch einmal den einzigartigen historischen Rang bezeugt. Die in den letzten »Heiligen Jahren« offiziell gezählten Pilger (und Touristen) deuten sogar auf einen überraschenden Aufschwung. Kamen 1954 noch 700 000 Besucher in die Jakobsstadt, so waren es 1965 bereits 2,5 Millionen und 1971 3,6 Millionen. Im Año Santo 1976, das mit der traditionellen Öffnung der Puerta Santa der Kathedrale begann, wurden rund 5 Millionen Besucher gezählt. Obwohl auch der innerspanische Tourismus zunehmend wächst, wäre es verfehlt, dem enormen Zustrom der Besucher und Pilger seit den sechziger Jahren allein touristische Motive zu unterlegen.

Was erwarten die Pilger, sofern ihre Santiago-Reise mehr als althergebrachte Pflichtübung sein sollte? Die Erinnerung an die von der spanischen Geschichte unlösbare Legende? Ein Volksfest, das ja auch dazugehört wie das Schaustück des Botafumeiro, wie das Feuerwerk am Vorabend des Jakobstages, wie die pfeifenden Dudelsäcke und Klarinetten, Schellengeklingel und Paukenschläge, wie die tanzend durch die

Straßen ziehenden Riesenfiguren, die Gigantones, und die großköpfigen Cabezudos? Vielleicht erwarten sie, nicht anders als ihre Vorfahren, das Teilhaben an einer allein aus dem Glauben lebenden Wirklichkeit, deren Beweiskraft jenseits rational zugänglicher Maßstäbe liegt.

Nachweis

Südliches Licht. Zuerst in: Neue Deutsche Hefte, Oktober 1957, Heft 39. Überarbeitete Neufassung.
Ravenna, dolce morta. Zuerst in: Ensemble; Lyrik Prosa Essay. Hrsg. Clemens Graf Podewils u. Heinz Piontek. R. Oldenbourg Verlag, München 1971.
In der Lagune und *Dem Meere vermählt.* Auszugsweise entnommen aus: Eberhard Horst, Venedig, die Stadt im Meer. Walter Verlag, Olten und Freiburg 1967.
Im Land der Elymer. Entnommen aus: Eberhard Horst, Sizilien, Königin der Inseln. Walter Verlag, Olten und Freiburg 1964/73.
Grünes Asturien. Zuerst in: Merian, Heft 4/1974 (Baskenland, Asturien, Galicien).
Leuchtende Zier der Welt. Überarbeitet und erweitert nach einer kürzeren Fassung in: Merian, Heft 5/1977.
Laßt uns nach Santiago ziehn. Zuerst in: Rheinischer Merkur, Nr. 51/52, 19. Dezember 1975.

Der Walter-Verlag, Olten und Freiburg, erlaubte freundlicherweise den Nachdruck der Beiträge »In der Lagune«, »Dem Meere vermählt« und »Im Land der Elymer«.